식물 박물관

식물에 대한 애정을 잘 가꿀 수 있게 도와준 샬럿과 도널드에게 – K.S.
싹을 틔우기 시작한, 식물과 곰팡이류 과학자들 모두를 위하여 – K.W.

BOTANICUM
written by Kathy Willis and illustrated by Katie Scott

Illustration copyright © 2016 by Katie Scott
Text copyright © 2016 by Kathy Willis
Design copyright © 2016 by The Templar Company Limited
First published in the UK in 2016 by Big Picture Press, part of Bonnier Publishing Group.
All rights reserved.

Original edition published in English under the title of: Botanicum

Korean Translation Copyright © 2018 by BIR Publishing Co., Ltd.
This Korean translation edition is published by arrangement with
The Templar Company Limited.

이 책의 한국어판 저작권은 저작권사와 독점 계약한 ㈜비룡소에 있습니다.
저작권법에 의해 한국 내에서 보호를 받는 저작물이므로 무단 전재와 무단 복제를 금합니다.

내 책상 위 자연사 박물관 | 전 연령 입장

식물 박물관

케이티 스콧 그림 · 캐시 윌리스 글 | 이한음 옮김

비룡소

식물 박물관

들어가는 말

식물은 지구 어디에나 살아 있어요. 우리가 살고 있는 이 행성에서 가장 높은 산에서 가장 깊은 골짜기에 이르기까지, 가장 춥고 메마른 환경에서 가장 뜨겁고 축축한 장소에 이르기까지, 식물은 지구 표면의 거의 모든 곳에서 살아간답니다.

아주 많은 식물이 물에서도 살아요. 바다, 호수, 강, 늪을 가리지 않지요. 식물은 아주 짠물에서 얼음장처럼 차가운 맑은 물이 빠르게 흐르는 강에 이르기까지 다양한 환경에서 살아가고 있어요. 가장 작은 식물은 지름이 0.001밀리미터도 안 되는 단세포 미생물입니다. 100개가 모여야 겨우 모래알만 할 만큼 아주 작지요. 가장 큰 식물은 높이가 80미터까지 자라는 거대한 나무인데, 20층 건물만 해요.

지구에 식물이 몇 종이나 사는지는 아무도 몰라요. 지금까지 과학자들이 밝혀낸 식물의 수는 약 42만 5,000종에 이르지만, 지금도 매일 새로운 식물이 발견되고 있답니다. 식물들이 지구에서 가장 잘 자라는 곳이 어디인지, 자라려면 무엇이 필요한지는 자세히 알려져 있어요. 한 예로, 뜨겁고 습한 열대 지역에는 1헥타르에 나무가 80종 넘게 있는 반면, 춥고 건조한 남북극 지방에는 8종도 채 안 자라요. 이러한 식물 다양성의 분포 양상을 이해하는 것은 대단히 중요해요. 우리를 포함하여 지구의 다른 모든 생물들을 보전하는 데 꼭 필요하죠. 왜냐하면 식물이 없으면 사람도 살 수 없으니까요. 식물은 우리가 숨 쉬는 공기를 만들고 조절해요. 우리에게 식량과 약, 옷을 지을 섬유, 집을 지을 재료도 주지요. 식물은 어떻게 그런 일을 할까요? 이 모든 식물은 어떻게 생겨났을까요? 지금 우리 주변에서 보이는 온갖 다양한 식물들이 어떻게 지구에 무성하게 퍼지게 되었을까요? 최초의 식물은 어떤 모습이었을까요? 숲은 언제 처음 생겼을까요? 식물은 언제 처음 꽃을 피웠을까요? 지구에서 가장 크고, 가장 작고, 가장 기묘하고, 가장 희귀하고, 가장 못 생기고, 가장 악취를 풍기는 식물은 무엇일까요? 이 박물관을 둘러보세요. 다 알게 될 거예요.

캐시 윌리스 교수
큐 영국 왕립 식물원

1
입구

식물 박물관에 어서 오세요!·1 | 생명의 나무·2

7
1 전시실
최초의 식물

조류·8 | 이끼류·10 | 곰팡이류와 지의류·12
석송, 쇠뜨기, 솔잎난·14 | 양치식물·16
환경:석탄기 숲·18

21
2 전시실
나무

침엽수·22 | 자이언트세쿼이아·24 | 은행나무·26 | 온대 나무·28
열대 나무·30 | 과일 나무·32 | 원예용 관목·34 | 환경:우림·36

39
3 전시실
야자나무와 소철

소철·40 | 야자나무·42 | 기름야자·44

47
4 전시실
풀

꽃의 구조·48 | 야생화·50
기르는 꽃·52 | 알뿌리 식물·54 | 지하부를 먹는 식물·56
덩굴 식물·58 | 환경:고산 식물·60

63
5 전시실
벼과 식물, 부들, 사초, 골풀

벼과 식물·64 | 작물·66 | 부들, 사초, 골풀·68

71
6 전시실
난초와 브로멜리아

난초·72 | 앙그라이쿰 세스퀴페달레·74 | 브로멜리아·76

79
7 전시실
환경에 적응하는 식물

다육 식물과 선인장·80 | 수생 식물·82
큰가시연꽃·84 | 기생 식물·86
벌레잡이 식물·88 | 환경:맹그로브 숲·90

93
자료실

찾아보기·94 | 식물 박물관의 큐레이터들·96

식물 박물관

입구

식물 박물관에
어서 오세요!

이곳은 평범한 박물관이 아니랍니다. 전 세계에 있는 모든 들판과 숲, 열대 우림, 꽃밭을 돌아다닐 수 있다고 상상해 보세요. 세상에서 가장 아름답고 색다르고 기이한 식물들을 한꺼번에 볼 수 있다면 어떠할지 생각해 보세요. 또 시간을 거슬러 이 지구에 생명이 처음 나타난 때로 간다면, 무엇을 보게 될지 궁금하지 않나요? 이 책을 펼쳐, 식물 박물관으로 들어가 보기로 해요. 그런 모든 상상이 현실로 이루어질 수 있답니다.

전시실들을 둘러보면서 식물들이 우리보다 훨씬 더 오래전부터 어떻게 살아 왔는지 알아보세요. 시간이 흐르면서 변한 식물은 무엇이고, 시간이 흘러도 변하지 않은 식물은 무엇일까요? 전시실들을 돌아다니면서 다양한 모습의 식물들을 발견해 보세요.

자세히 살펴보다 보면, 집에서 키우는 화분이나 동네 공원에서 볼 수 있는 식물도 찾을 수 있을 거예요. 우리 전시실에는 부엌에 있는 식물들도 많이 있어요. 여러분은 벼과의 식물들을 먹는다는 사실을 아요? 그것도 거의 매일 같이 먹고 있어요.

흥미로운 과학도 배우게 될 거예요. 왜 어떤 식물은 초록색인데, 어떤 식물은 다른 색깔인가 하는 것 등을 말이지요. 어떻게 어떤 식물은 물속에서 살고, 어떤 식물은 땅에는 전혀 닿지도 않고서 공중에 매달린 채로 살아갈 수 있는 걸까요? 또 어떤 식물은 왜 동물을 잡아먹는 걸까요? 지구에서 가장 크거나, 가장 작거나, 가장 오래되었거나, 가장 악취가 나는 식물이 무엇인지도 알아보세요.

이제 식물 박물관으로 얼른 들어가 볼까요? 낯설고 놀라운 식물들, 화려하면서도 놀랍도록 장엄한 식물들의 왕국을 새롭게 만나 보세요!

식물 박물관

생명의 나무

식물 박물관

생명의 나무라는 말은 정말로 딱 들어맞는 표현이다. 크고 작고 각기 다른 다양한 종류의 나무들이 저마다 가지를 뻗어 자라나는 모습과 비슷하기 때문이다. 생명의 나무는 지구에서 식물들이 지금까지 어떻게 진화해 왔는지를 한눈에 보여 준다. 가장 최근에 진화한 식물이 맨 위쪽 가지에 자리한다.

생명의 나무를 들여다보면 식물의 어마어마한 다양성과 폭넓은 범위가 어느 정도 드러난다. 최초의 식물은 약 38억 년 전에 지구에 출현했다. 그 최초의 식물은 조류(말무리)였다. 조류는 대개 잎도 뿌리도 없는 작고 단순한 식물이고, 수생 환경에서만 살아갈 수 있는 종류가 많다. 더 복잡한 식물은 약 4억 7,000만 년 전에 진화하여 육지에 정착하기 시작했다. 솔이끼, 우산이끼, 뿔이끼와 같은 이끼류였다.

높이 자라기 시작한 최초의 식물은 양치류였다. 리그닌이라는 화학 물질이 추가되면서 세포벽이 단단해진 덕분이었다. 그래서 양치류는 이끼류보다 더 높이 더 곧게 자랄 수 있었고, 몸 전체로 물과 양분을 운반하는 통로도 갖게 되었다. 하지만 여전히 이끼류처럼 홀씨(포자)로 번식을 했다.

화석으로 확인된 최초의 종자식물은 약 3억 5,000만 년 전에 출현했다. 구과 안에 씨를 맺는 식물로, 겉씨식물이라고 불린다. 뒤이어 약 1억 4,000만 년 전에는 속씨식물이 등장했다. 꽃이 수정되면 열매 안에 씨가 맺히는 식물이다. 씨는 홀씨보다 양분을 더 많이 저장할 수 있고 보호가 잘되는 등 몇 가지 이점이 있다. 그래서 처음에 싹이 틀 때 더 빨리 자랄 수 있다.

속씨식물은 외떡잎식물(난초, 야자, 벼 등)과 쌍떡잎식물(미나리아재비, 참나무, 해바라기 등)이라는 두 갈래로 나뉘었다. 그리고 이들로부터 온갖 색다른 식물들이 생겨났다. 아주 작은 풀에서 거대한 나무에 이르기까지, 벌처럼 생긴 아름다운 꽃에서 썩은 고기 냄새를 풍기는 꽃에 이르기까지, 식물의 세계는 폭넓게 다양해졌다.

식물의 여행은 끝나지 않았다. 과학자들은 해마다 (거의 매일 같이) 새로운 식물 종을 발견하고 있으며, 식물은 변화하는 환경 조건과 새로운 도전 과제에 반응하면서 계속 진화하고 있다. 우리의 식물 탐사도 이제야 겨우 시작되었을 뿐이다.

식물 박물관

1 전시실

최초의 식물

조류

이끼류

곰팡이류와 지의류

석송, 쇠뜨기, 솔잎난

양치식물

환경: 석탄기 숲

최초의 식물

조류

지구는 약 46억 년 전에 생겨났다. 화석 증거를 보면, 지구가 탄생한 뒤로 8억 년이 지나기 전에 최초의 식물이 살고 있었던 듯하다. 바로 조류(藻類)다. 조류는 단세포인 것부터 키가 수십 미터인 바닷말에 이르기까지 크기가 다양하다. 햇빛과 공기 속 이산화탄소를 써서 양분을 만드는 '광합성'을 한다는 점 외에, 이들을 한 집단으로 묶는 공통 특징이 있다. 뿌리도 줄기도 잎도 없으며, 생식세포를 감싸서 보호하는 세포층도 없다는 점이다.

조류는 대부분 물에 산다. 민물에 적응한 종도 있고, 바닷물에 사는 종도 있다. 한편 육지에 사는 종도 있는데, 대개 가장 높은 산꼭대기의 바위 틈새나 가장 깊은 골짜기의 흙 속처럼 접근하기 힘든 곳에 산다. 이렇게 외진 곳에 살기를 좋아하고, 크기가 아주 작은 것도 많기 때문에, 이 행성에 조류가 몇 종류나 있는지 헤아리기 어렵다. 그래서 조류의 종류는 3만 6,000종에서 1,000만 종까지로 아주 폭넓게 추정된다. 조류는 12개 집단(문)으로 나뉜다. 그중에서 가장 널리 퍼져 있는 집단은 홍조류(붉은말), 녹조류, 규조류(돌말)다.

그림 설명

1: 옛사각돌말
학명: *Amphitetras antediluviana*
길이: 0.125mm
규조류에 속한 아주 작은 바닷말이다. 돌말은 보통 아주 작으며, 대개 단세포 생물이다. 광합성을 아주 잘하고, 대기 속 이산화탄소의 양을 조절하는 데 중요한 역할을 한다.

2: 홍조류 화석(보라털 종류)
학명: *Bangiomorpha pubescens*
길이: 0.225mm
캐나다 북극 지방의 퇴적층에서 발견된 약 12억 년 전 화석의 단면이다. 독특한 접시 모양의 세포를 세포벽이 감싼 모습이다. 실처럼 생긴 현생 홍조류도 같은 특징을 지닌다.

3: 녹조류 화석(대마디말 종류)
학명: *Cladophora sp.*
길이: 0.075mm
대마디말은 화석 기록에 맨 처음 나오는 녹조류 중 하나로서, 오늘날의 녹조류와 모양이 거의 비슷하다. 약 8억 년 전의 화석도 있다. 이 녹조류는 모든 육상식물의 조상이었다.

4: 수금돌말 종류
학명: *Lyrella hennedyi var. neapolitana*
길이: 0.06mm
이 바닷말은 악기인 수금(lyre)을 닮아서 리렐라(lyrella)라는 학명이 붙었다.

5: 라포네이스 암피케로스
학명: *Rhaphoneis amphiceros*
길이: 0.06mm
얕은 바다에서 모래알에 붙어살곤 한다.

6: 삿갓말
학명: *Acetabularia acetabulum*
길이: 0.5~10cm
이 녹조는 아열대 바닷물에 살며, 단세포 생물이지만 아주 크고 구조가 복잡하다. 뿌리처럼 생긴 부위로 바위에 붙어 있고, 긴 자루를 뻗어서 우산처럼 생긴 구조를 만든다.

7: 보라털 종류
학명: *Bangia sp.*
길이: 6cm
가장 오래된 홍조류 화석은 현생 홍조류인 보라털류와 비슷하다. 바다에 살고 붉은색 긴 실처럼 생겼다.

8: 훈장말 종류
학명: *Pediastrum simplex*
길이: 0.06mm
녹조류이며, 세포들이 모여서 연결생활체라고 하는 군체를 이룬다. 군체의 모양은 유전적으로 정해진다. 이 종류는 납작한 별 모양이다.

9: 민부채돌말 종류
학명: *Licmophora flabellata*
지름: 0.5mm
강어귀 같은 얕은 바닷물에 사는 돌말로, 자루가 갈라지면서 독특한 부채 모양을 이룬다. 자루 밑에서 나오는 끈끈한 물질 덕분에 바위에 붙어 있다.

10: 별빛돌말 종류
학명: *Asterolampra decora*
지름: 0.08mm
둥근 접시 모양이며, 열대 바다에 가장 많이 산다.

11: 훈장장구말 종류
학명: *Micrasterias rotata*
지름: 0.18mm
민물에 사는 단세포 녹조류로서, 산성을 띤 이탄 습지에서 주로 발견된다. 대개 모양이 대칭적이다.

12: 별빛돌말 종류
학명: *Asterolampra vulgaris*
지름: 0.08mm
그림 10과 같은 별빛돌말과에 속한다. 무늬가 다르다.

최초의 식물

이끼류

이끼류는 약 4억 7,000만 년 전부터 물 밖으로 나와 땅에서 살기 시작했다. 이 최초의 육상 식물은 녹조류에서 진화했으며, 지금도 볼 수 있는 우산이끼, 뿔이끼, 솔이끼와 생김새가 비슷했다. 이들을 이끼류(선태식물)라고 한다.

이끼류는 단단한 조직(관다발 조직. 14쪽 참조)이 없어서 나중에 등장한 식물처럼 반듯이 높게 자라지 못한다. 그래서 만지면 부드럽고, 키가 50센티미터 이상 자랄 수 없다. 뿌리처럼 생긴 헛뿌리로 흙에서 양분을 빨아들인다.

이끼류는 좀 색다른 방식으로 살아간다. 배우체라는 잎처럼 생긴 형태와 홀씨체(포자체)라는 홀씨를 퍼뜨리는 형태가 번갈아 나타난다(세대 교번). 축축하고 눅눅한 곳에서 가장 흔히 보이는 형태는 엽상체(잎 모양)이다. 엽상체 형태의 이끼류에는 암수 생식 기관이 딸려 있다. 생식 기관은 엽상체에 붙어 자라거나 따로 떨어져서 자라기도 한다.

암 생식 기관은 장란기라고 하며, 병 모양이다. 수 생식 기관은 장정기라고 하며, 달걀 모양이다. 장정기에서 정자가 나와 장란기의 병 안에 든 알세포(난자)를 수정시킨다. 수정된 알세포는 접합자라고 한다. 접합자는 자

라서 두 번째 형태인 홀씨체를 만든다. 홀씨체는 홀씨를 만들고, 홀씨는 흙에 떨어진 뒤 자라서 잎 형태의 배우체가 된다. 그리하여 한살이가 다시 시작된다.

그림 설명

1: 매끈뿔이끼
학명: *Phaeoceros laevis*
길이: 5cm

2: 사슴똥이끼
학명: *Splachnum luteum*
길이: 홀씨체 15cm
홀씨체가 연한 노란색 우산 모양이다. 바람보다는 곤충을 통해 홀씨를 퍼뜨린다.

3: 이끼가 자손을 남기는 과정
a) 장정기에서 정자가 나옴. b) 알세포가 든 장란기 c) 수정이 된 뒤 접합자가 자람. d) 이끼 식물의 꼭대기에서 홀씨체가 성숙함. e) 홀씨가 튀어나옴.

홀씨가 배우체로 자라나면, 이 과정을 처음부터 되풀이한다.

4: 이끼의 홀씨주머니
홀씨주머니 높이: 2~4mm
a) 곧은나무이끼(학명: *Climacium dendroides*) b) 네삭치이끼(학명: *Tetraphis pellucida*) c) 물이끼(학명: *Sphagnum palustre*) d) 들덩굴초롱이끼(학명: *Plagiomnium cuspidatum*)
이 주머니 안에 홀씨가 들어 있으며, 홀씨를 보호하기 위해 특수한 덮개가 달려 있다.

5: 초승달우산이끼
학명: *Lunularia cruciata*
길이: 엽상체 12mm

6: 아기구슬이끼
학명: *Bartramia ithyphylla*
길이: 4cm

7: 우산이끼
학명: *Marchantia polymorpha*
길이: 엽상체 4~6cm, 암생식기탁 20~45mm

8: 호주우산이끼
학명: *Asterella australis*
길이: 엽상체 4cm

최초의 식물

곰팡이류와 지의류

약 4억 7,000만~4억 년 전에 식물이 마른 땅에 자리를 잡는 데 큰 도움을 준 집단이 둘 있다. 곰팡이류(균류)와 지의류다.

    여기서 주의할 점이 하나 있다. 이 책은 식물을 다루는데, 사실 곰팡이는 식물이 아니라는 것이다. 곰팡이류는 광합성을 통해 양분을 만들지도 않고, 뿌리도 없다. 홀씨로 번식한다. 곰팡이류를 여기에 넣은 이유는 곰팡이가 역사적으로 오랜 세월 동안 식물로 여겨졌고, 식물 생태계에서 중요한 역할을 하기 때문이다. 곰팡이류는 흙에 쌓인 낙엽과 동물 잔해 등을 분해하여, 식물이 자라는 데 필요한 양분을 공급한다. 또한 곰팡이류는 동물과 사람에게도 중요한 식량이다. 한 예로, 빵과 맥주를 만드는 데 필수 재료인 효모도 곰팡이류에 속한다. 그런 한편으로, 곰팡이류는 사람과 동물에게 가장 해로운 독소를 지니고 아주 위험한 병을 일으키기도 한다. 독성이 아주 강한 곰팡이류가 많으므로, 야생에서 자라는 곰팡이나 버섯을 함부로 건드리거나 먹어서는 안 된다.

    지의류도 식물이 아니다. 지의류는 곰팡이류와 광합성을 하는 조류의 결합물이다. 초기 육상 환경에서 암석에 붙어 살던 지의류는 유기산을 분비하여 암석을 부수어 흙으로 만드는 데 중요한 역할을 했다고 여겨진다.

    또 지의류는 기후가 극단적으로 혹독한 곳에서도 살아갈 수 있다. 이 능력은 지의류가 초기에 육지로 진출하는 데 핵심적인 역할을 했을 것이다. 지의류는 가장 높은 산꼭대기와 가장 뜨겁거나 가장 추운 사막의 암석에서도 산다. 햇볕 차단제 역할을 하는 색소를 스스로 만드는 종류도 있다. 햇빛이 강해지면 차단 색소가 만들어지기 때문에, 이런 지의류는 그늘이 거의 없거나 전혀 없는 탁 트인 곳에서도 자랄 수 있다.

그림 설명

1: 주름찻잔버섯
학명: *Cyathus striatus*
길이: 1cm
접시 모양의 주머니에 홀씨가 들어 있는 모습이 마치 새알이 담긴 둥지 같다. 빗방울이 떨어지면 일명 '알'이 터지면서 홀씨가 흩어진다.

2: 분홍낙엽버섯
학명: *Marasmius haematocephalus*
키: 2~3cm
작은 우산 모양의 곰팡이류로 숲 바닥에 생긴 낙엽층을 재순환시키는 데 중요한 역할을 한다.

3: 깔때기지의
학명: *Cladonia chlorophaea*
키: 1~4cm
자루가 달린 컵 모양 구조 안에 열매를 맺는 자실체가 들어 있다. 유럽에는 요정들이 이 작은 컵으로 아침 이슬을 떠먹는다는 속설이 전해 온다.

4: 질긴깔때기비늘버섯
학명: *Cymatoderma elegans*
키: 15cm
갓이 넓적한 깔때기 모양으로 열려서 그 안에 물이 종종 고이기도 한다. 그래서 이런 이름이 붙었다.

5: 망태말뚝버섯
학명: *Phallus indusiatus*
키: 25cm
민간에서 오랫동안 주술용이나 전통 약재로 쓰여 왔다.

6: 팽이버섯
학명: *Flammulina velutipes*(재배종)
키: 10cm
동아시아에서 요리에 흔히 쓰인다. 자루가 가늘고 길게 뻗도록 이산화탄소가 풍부한 환경에서 기른다.

7: 구름송편버섯
학명: *Trametes versicolor*
지름: 4~10cm
쫙 펼친 칠면조 꼬리처럼 생겨서 서양에서는 '칠면조꼬리버섯'이란 이름으로 불린다.

8: 노란국화잎지의
학명: *Xanthoria parietina*
지름: 최대 10cm
햇빛을 차단하는 색소 때문에 양지에서는 밝은 주황색을 띠지만, 그늘에서는 짙은 녹색을 띤다.

9: 광대버섯
학명: *Amanita muscaria*
지름: 8~20cm
이 독버섯도 요정 설화에 종종 나온다. 환각을 일으키는 유독한 화학 물질이 들어 있다.

10: 레인코브꽃버섯
학명: *Hygrocybe lanecovensis*
키: 최대 5cm
멸종 위기종이다. 1998년에 처음 채집되었고, 오스트레일리아 시드니의 레인코브 공원에서만 발견된다.

최초의 식물

석송,
쇠뜨기,
솔잎난

우리가 흔히 부르는 식물 이름이 과학적 정의에 정확히 들어맞지 않을 때도 있다. 석송(club moss)의 영어 이름은 곤봉이끼라는 뜻이다. 하지만 석송은 이끼가 아니라, 관다발식물이다. 일부 세포들이 분화하여 이루어진 관다발이라는 잘 발달한 조직을 갖추었다는 뜻이다. 관다발 덕분에 석송류는 관다발이 없는 이끼류(10~11쪽 참조)보다 훨씬 더 높이 곧추 자랄 수 있다. 쇠뜨기와 솔잎난도 관다발이 있다.

이 세 식물 집단은 홀씨로 번식을 하며, 오래된 계통에 속한다. 이들과 구조가 매우 비슷한 화석이 종종 발견되기 때문에, '살아 있는 화석'이라고도 불린다. 4억~3억 7,000만 년 전의 화석과 오늘날의 석송, 쇠뜨기, 솔잎난은 매우 비슷하지만, 중요한 차이점이 한 가지 있다. 지금 자라는 것들은 대개 키가 1미터도 안 되는 작은 초본(풀, 나무처럼 단단한 목질을 이루지 않는 식물)이다. 반면에 이들의 조상은 거인이었다. 고대 쇠뜨기와 석송은 40미터까지 자라서, 석탄기 초에 육지를 뒤덮는 장관을 이루었다(18~19쪽 참조). 이 거대한 나무들은 지구의 대다수 생물 종이 처한 운명을 맞이했다. 환경에 더 잘 적응한 경쟁자들에게 밀려나서 멸종한 것이다. 지금까지 남아 있는 작은 종류들만이 살아남을 수 있었다.

―――――――――――――――――――――― 그림 설명 ――――――――――――――――――――――

1: 부활초
학명: *Selaginella lepidophylla*
키: 10cm
비늘처럼 생긴 작은 잎들이 줄기를 온통 덮고 있다.

2: 긴솔잎난
학명: *Psilotum complanatum*
키: 최대 75cm
대개 열대 지역에서 나무줄기 위에서 축 늘어져서 자란다. 뿌리도 잎도 없으며, 줄기에 작은 비늘이 나 있다.

3: 속새
학명: *Equisetum hyemale*
키: 1cm
홀씨주머니이삭
속새의 홀씨는 홀씨체에서 생기며, 홀씨체는 '홀씨주머니이삭'이라는 다각형 구조의 가장자리에서 생긴다. 홀씨주머니이삭은 대개 긴 줄기 꼭대기에 달린다.

4: 쇠뜨기
학명: *Equisetum arvense*
지름: 3~5mm
줄기 단면
어린 쇠뜨기의 줄기를 수평으로 자른 단면으로, 관다발(구멍이 뚫린 듯한 원 모양의 부위들)이 줄기 전체로 뻗어 있음을 보여 준다. 물과 수액이 이 단단한 가닥 속을 지나서 위로 쭉 올라간다.

5: 쇠뜨기
학명: *Equisetum arvense*
쇠뜨기의 영양줄기에서 가지들이 돌려나는 바람에 깃털처럼 보인다. 잎들은 아주 작고 종잇장처럼 얇으며, 하나로 합쳐져서 줄기를 감싼다. 홀씨가 든 홀씨주머니이삭은 연한 색의 생식줄기 위에 달려 있다. 생식줄기는 녹색의 영양줄기보다 작고 봄에 더 먼저 자라난다. 쇠뜨기는 축축하거나 습한 곳에 자란다.

6: 석송의 홀씨잎
학명: *Lycopodium clavatum*
홀씨잎 길이: 2~2.5mm
홀씨잎은 홀씨체가 달리는 작은 잎으로, 포자엽이라고도 한다.

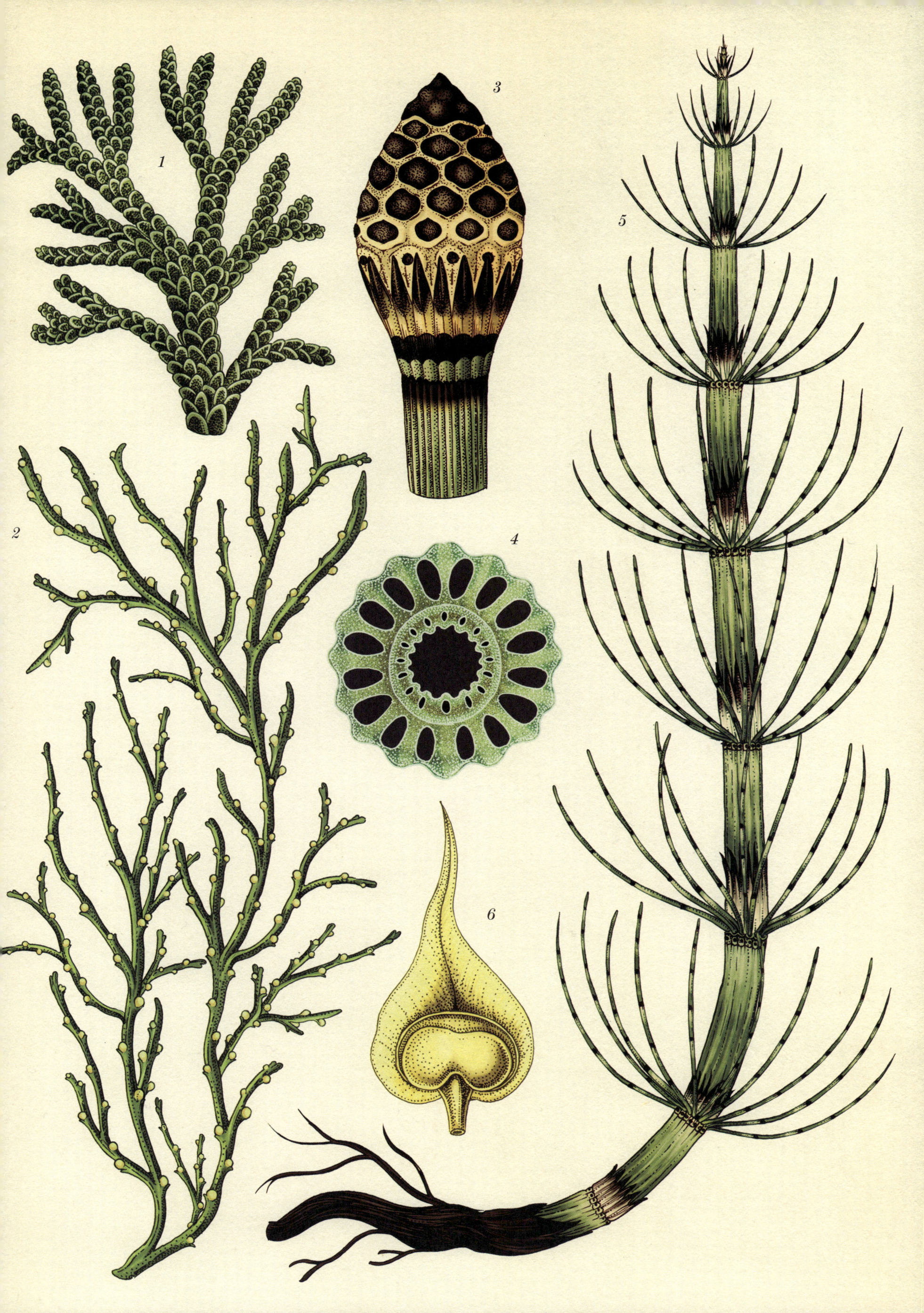

최초의 식물

양치식물

양치류로도 불리는 양치식물은 전 세계의 아주 다양한 환경에서 자란다. 주로 축축하고 그늘진 곳을 좋아하지만, 뜨겁고 메마른 사막, 물속, 연못과 강의 수면에서 자라는 종도 있다. 흙에 뿌리를 내리고 곧추 자라는 종부터 '뿌리'를 공중에 늘어뜨린 채 빗물과 쌓인 먼지로부터 수분과 양분을 얻는 착생 식물(나무나 다른 식물에 달라붙어서 자라는 식물)에 이르기까지 형태가 아주 다양하다.

덩굴처럼 자라는 양치식물도 있다. 양치류는 모두 초본이다. 즉 나무줄기의 고갱이(또는 2차 물관)를 이루는 목질부가 전혀 없다는 뜻이다. 기둥 역할을 하는 목질부가 없는데도 나무처럼 높이 자라는 종도 있다. 그런 종은 줄기에 고갱이가 꽉 들어차 있고 관다발 조직이 그 주위를 감싸고 있다. 그래서 줄기가 단단한 원통처럼 되고, 관다발을 통해 물, 당분, 양분이 식물 전체로 운반된다. 이런 나무 형태를 한 양치류는 3억 5,000만 년 전 석탄기 숲을 지배했으며(18~19쪽 참조), 10미터까지 자라기도 했다. 나무고사리류는 지금도 우리 주변에서 살고 있다.

양치류의 또 다른 특징은 한 식물이 번갈아 두 가지 다른 형태로 자라는 세대 교번(이끼류도 이런 식으로 번식한다. 10~11쪽 참조)을 한다는 점이다. 홀씨는 잎의 뒷면에서 다 익으면 저절로 떨어진다. 홀씨가 자라면 배우체라는 작은 식물이 된다. 배우체는 부모 세대와 모습이 전혀 다르다. 대개 배우체는 작고 납작하고 녹색이며 비늘처럼 생겼다. 길이도 몇 센티미터에 불과해서 거의 눈에 띄지 않는다. 배우체가 성숙하면 암수 기관을 만든다. 암수 기관 사이에 수정이 이루어지면 수정란이 생기고, 수정란은 자라서 조부모와 모습이 똑같은 식물로 자란다. 이것이 홀씨체이며, 우리가 비로소 양치류임을 알아볼 수 있는 형태다. 홀씨체는 잎 뒷면에 홀씨를 만들고, 이렇게 양치류의 한살이가 되풀이된다.

그림 설명

1: 가는쇠고사리
학명: *Arachniodes aristata*
소엽 길이: 1.5cm
소엽(갈라진 작은 잎 조각)
소엽의 뒷면에 홀씨주머니무리라고 하는 둥근 기관이 달려 있다. 여기서 홀씨가 만들어진다. 포막이라는 하얀 막이 홀씨주머니무리를 보호한다.

2: 큰박쥐난
학명: *Platycerium superbum*
잎 길이: 최대 2m
이 종은 잎이 두 종류로 발달했다. 둥그스름하고 두꺼운 영양잎은 뿌리를 보호하고, 먼지를 모아서 착생 식물이 자랄 흙을 만든다. 그 위에 모여 자라는 잎은 사슴뿔처럼 생겼고 홀씨가 달린다.

3: 공작고사리
학명: *Adiantum capillus-veneris*
키: 최대 30cm
잎이 달린 줄기 수직면에 매달려 아래로 자라거나 편평한 곳에서 위로 자라기도 한다.

4: 고니오플레비움 페르쿠숨
학명: *Goniophlebium percussum*
잎 길이: 최대 1m
잎
이 종의 잎 윗면에는 혹이 줄지어 나 있다. 그 속에 홀씨가 들어 있다.

5: 은고사리
학명: *Cyathea dealbata*
키: 최대 10m
펼쳐지는 잎
열대와 아열대 지역에서 자라는 나무고사리 중 가장 큰 축에 든다. 잎은 뒷면이 독특하게 은색을 띤다. 대부분의 양치류 잎과 마찬가지로 처음에는 나선형으로 돌돌 말려 있다가 천천히 펴지면서 자란다.

6: 사슴고사리
학명: *Blechnum spicant*
생식줄기 길이: 최대 70cm
이 고사리는 잎이 두 종류다. 영양잎은 사시사철 푸르게 자란다. 홀씨잎은 특정한 계절에만 자라는데, 대개 식물의 한가운데에 모여 난다.

7: 홀씨주머니
지름: 1mm 미만
모든 양치류는 홀씨를 만드는 홀씨주머니가 있으며, 홀씨주머니는 모여서 홀씨주머니무리를 형성한다. 홀씨주머니의 색깔은 처음에는 연한 색인데, 홀씨가 익으면서 짙어진다. 홀씨가 다 익고 바깥 조건이 적절하면, 홀씨주머니가 터지면서 홀씨가 뿌려진다.

8: 홀씨주머니가 달린 잎의 단면
단면 지름: 3mm
홀씨를 만드는 홀씨주머니들은 잎맥에 달린 턱에서부터 바퀴살처럼 자라난다. 그림에서 색이 짙은 부분이 잎맥이다.

최초의 식물

환경: 석탄기 숲

약 3억 8,900만 년 전부터 2억 9,900만 년 전까지, 거의 9,000만 년에 걸쳐서 높이 40~50미터에 이르는 거대한 나무들이 최초로 육지에 올라왔던 작은 초본들을 밀어내고 땅을 뒤덮었다. 이제는 석탄기라고 알려진 그 시기가 끝날 무렵, 지구는 지름 1미터까지 자라는 굵은 나무들로 이루어진 울창한 숲으로 뒤덮여 있었다. 자신의 조상인 초본 모습 그대로 크기만 커진 듯한 나무도 많았다. 거대한 석송, 거대한 쇠뜨기, 아주 거대한 나무고사리도 있었다. 꽃이 피는 종류는 전혀 없었고, 아직 홀씨로 번식하는 것들이 많았다. 하지만 이 최초의 숲에는 씨를 통해 번식하는 최초의 나무들도 있었다. 그런 나무의 씨는 오늘날 침엽수에서 볼 수 있는 것과 매우 비슷하게, 단순한 모양의 구과 안에서 자랐다.

3억 5,000만 년 전의 지구 지도는 지금의 지도와 전혀 달라 보인다. 지금의 대륙들에 해당하는 땅덩어리들이 모두 전혀 다른 곳에 자리했다. 남아프리카와 남아메리카는 남극에 있었고, 지금의 유럽, 중국, 오스트레일리아에 해당하는 대륙판들은 대부분 적도에 몰려 있었다. 그리고 그 지역의 기후에 맞는 숲이 생겨났다. 따뜻하고 습하고 계절 변화가 없는 열대는 석송류와 종자고사리류로 이루어진 축축한 숲으로 덮여 있었다. 땀이 밸 만큼 습한 기후에 고인 물웅덩이들이 군데군데 자리한 숲이었다. 나무가 죽으면 쓰러져서 물에 잠겼다가 가라앉았다. 그런 나무들이 수백만 년 동안 쌓이고 쌓이면서 짓눌렸다가 석탄이 되었다. 열대 너머의 더 건조한 숲에서는 주로 거대한 쇠뜨기류와 초기 종자고사리류가 열대의 사촌들보다 훨씬 더 작은 석송류와 함께 자랐다. 과학자들은 이 식물들이 가뭄에 더 잘 견디기 위해 크기가 작아졌다고 본다.

---------- 그림 설명 ----------

1: 길보아나무
학명: *Eospermatopteris*
키: 8m
가장 오래된 나무 화석이다. 3억 8,500만 년 전의 화석으로서, 뉴욕에서 발굴되었다. 줄기 끝에 잎이 없이 가지들만 모여 난 모습이다. 아마 줄기에서 광합성을 한 듯하다. 나뭇가지들 중 일부는 끝에 홀씨주머니가 달려 있고, 주머니 안에 포자가 들어 있었다. 땅에 긴 뿌리를 뻗음으로써 높이 자랄 수 있었다.

2: 코르다이테스
학명: *Cordaites*
키: 최대 30m
코르다이테스는 맹그로브 습지부터 더 건조한 고지대까지 다양한 서식지에서 살았다. 가장 중요한 특징은 씨로 번식을 했고, 지금의 구과 식물에 맺히는 것과 구조가 비슷한 구과가 열렸다는 점이다.

3: 인목
학명: *Lepidodendron*
키: 최대 35m
이 나무는 줄기 위쪽 끝이 많이 갈라지면서 홑잎들이 줄기에 곧바로 다닥다닥 달려 있다.(잎과 줄기를 연결하는 잎자루가 없다.) 그래서 잎이 떨어지면, 줄기에 아름다운 삼각형 무늬가 남았다.

4: 프사로니우스(나무고사리의 일종)
학명: *Psaronius*
키: 최대 10m
이 나무는 석탄기의 늪에서 자랐기 때문에, 화석도 석탄층에서 발견되곤 한다. 당시 자라던 나무고사리류 중 가장 큰 편이었다. 다른 양치류와 비슷하게 생긴 커다란 잎이 달려 있었다.

5: 메둘로사 노이이
학명: *Medullosa noei*
키: 최대 10m.
종자고사리의 일종이다. 고사리처럼 생긴 잎들이 줄기를 따라 나선형으로 달려 있지만, 번식은 씨를 통해 이루어졌다. 씨의 모양이 지금의 소철의 씨와 매우 비슷하므로, 둘이 진화적으로 가까운 관계인 듯하다.

6: 아르카이옵테리스
학명: *Archaeopteris*
키: 9m
석탄기와 데본기(석탄기 바로 전 시대)의 지구의 경관에서 중요한 자리를 차지한 나무이며, 침엽수와 비슷한 목질의 줄기를 지니므로 모든 종자식물의 조상이라고 여겨진다.

식물 박물관

2 전시실

나무

침엽수

자이언트세쿼이아

은행나무

온대 나무

열대 나무

과일 나무

원예용 관목

환경: 우림

나무

침엽수

침엽수는 전 세계 숲의 약 30퍼센트를 차지하며, 지구에서 가장 춥고 가장 혹독한 곳에서도 살아갈 수 있다. 대부분은 바늘 모양의 단순한 잎과 독특한 모양의 구과가 달려 있어서 알아보기 쉽다. 겨울에도 잎을 떨어뜨리지 않는 상록수가 많다. 그보다 덜 두드러진 또 한 가지 특징은 꽃이 피지 않는다는 점이다. 꽃 대신에 씨를 맺는 '구과'라고 하는 더 단순한 기관을 갖고 있다.

모든 침엽수에는 두 종류의 구과가 열린다. 암구과와 수구과다. 암구과와 수구과가 한 나무에 열리는 종도 있고, 서로 다른 나무에 열리는 종도 있다. 대개 수구과가 더 작다. 수구과에서는 노란 꽃가루가 많이 만들어진다. 암구과는 목질의 비늘이 서로 촘촘하게 맞물려 있는 모양이고, 안에 밑씨가 들어 있다. 밑씨가 수구과에서 나온 꽃가루와 만나 수정이 되면, 암구과가 자라기 시작한다. 때로는 아주 크게 (남양삼나무류(학명: *Araucaria bidwillii*)의 구과는 축구공만 하게) 자란다. 다 자라기까지 몇 달에서 1년까지도 걸린다. 자라는 동안에는 녹색을 띠고, 끈끈한 나뭇진으로 치밀하게 닫혀 있다. 다 자라서 익은 구과는 갈색으로 변하고, 비늘 사이가 벌어지면서 씨가 드러난다. 그제야 세상에 나온 씨는 바람이나 동물을 통해 퍼져 나간다.

침엽수는 기온과 같이 외부로부터 받는 자극에 따라 잘 익은 씨를 언제 퍼뜨릴지 결정한다. 불을 이용하는 식물도 있다. 불이 나서 숲 바닥이 싹 타 버리면, 씨가 자랄 공간이 많이 생기기 때문이다.

그림 설명

1: **금전송**
학명: *Pseudolarix amabilis*
키: 40~50m
구과와 새싹
낙엽 침엽수의 일종으로 춥고 건조한 날씨에 바늘잎을 떨어뜨린다. 암수 생식 기관이 한 나무에서 열린다. 수구과는 길이가 약 1~2센티미터, 암구과는 약 4~7센티미터다.

2: **낙우송**
학명: *Taxodium distichum*
키: 40~45m
암구과
습기를 좋아해 미국 남동부의 범람원과 습지에서 많이 자란다.

3: **편백**
학명: *Chamaecyparis obtusa*
키: 40~50m
암구과
8개의 비늘 조각으로 이루어진 작은 구과가 열린다. 일본에서는 수백 년 전부터 이 나무에서 얻은 목재로 전통 가옥을 지었다.

4: **구상나무**
학명: *Abies koreana*
키: 10~18m
암구과와 잎
한국의 산에 자라는 고유종이며, 짙은 녹색 바늘잎에 파란색이나 자주색을 띤 구과가 달린다.

5: **구주소나무**
학명: *Pinus sylvestris*
꽃가루 지름: 0.06mm
a) 꽃가루 b) 수구과
이 종의 꽃가루처럼, 흔히 침엽수의 꽃가루는 바람에 잘 날리도록 특이한 공기주머니가 달려 있다. 꽃가루가 엄청나게 날리면, 숲 전체에 거대한 노란 '구름'이 피어오르곤 한다. 이런 방법으로 공기나 물에 실려 꽃가루가 아주 멀리까지 운반될 수 있다. 가장 가까운 나무로부터 수천 킬로미터나 떨어진 북극의 얼음 속에서 구주소나무 꽃가루가 발견되기도 한다.

6: **칠레나한송**
학명: *Podocarpus nubigenus*
키: 35m
잎과 씨
칠레 남부 온대 우림에서 자란다. 즙이 많은 통통한 자루에 하나만 맺히는 씨는 맛 좋은 과일처럼 보인다. 이것을 먹으러 오는 새를 통해 씨를 퍼뜨린다.

7: **흰전나무**
학명: *Abies alba*
키: 60m
a) 씨 비늘 조각 b) 턱잎

8: **칠레소나무**
학명: *Araucaria araucana*
키: 50m
잎이 달린 새싹과 수구과
아르헨티나 남서부, 칠레 중부와 남부가 원산이다. 가지에 가시가 잔뜩 나 있어서 원숭이가 어떻게 올라가야 할지 고민할 것이라고 여겨졌기에, '원숭이퍼즐'이라는 이름도 생겼다.

9: **레바논삼나무**
학명: *Cedrus libani*
키: 최대 40m
암구과
레바논 국기에 그려진 나무로, 이 나무가 자라는 중동의 레바논 산에서 이름을 따 왔다. 가장 많이 모여 사는 곳은 터키 남부의 토로스산맥에 있다. 길이 8~12센티미터의 큰 구과가 열린다.

10: **테다소나무**
학명: *Pinus taeda*
키: 25~33m
암구과, 가지와 잎
미국 남부에서 가장 중요한 목재 자원으로서 널리 재배되는 종이다.

나무

자이언트세쿼이아

자이언트세쿼이아는 세계 기록을 갖고 있다. 지구에서 가장 키가 큰 나무로서, 80미터 넘게 자라기도 한다. 줄기는 지름 11미터까지 자랄 수 있는데, 둘레도 어른 16명이 손을 잡고 둘러서야 맞닿을 만치 길다. 수명이 아주 길며 2,000년 넘게 살고 있는 나무들도 많다. 화석 기록에 따르면, 세쿼이아는 무려 1억 년 전부터 살고 있었던 듯하다. 이 거인은 진정한 '살아 있는 화석'이다.

세쿼이아는 침엽수다. 모든 침엽수가 그렇듯이 구과로 번식한다. 암수구과는 한 나무에서 열린다. 구과는 가지 끝에 달리며, 길이가 약 5~7센티미터로 작다. 나무 크기에 비하면 특히 작은 편이다! 세쿼이아는 자기 환경에 잘 적응해 있다. 나무껍질이 두껍고(최대 두께 50~60센티미터) 잎이 높이 달려 있어서 숲 바닥에 불이 나도 잘 견딘다.

식물이 아주 높이 자라려면 여러 모로 적응을 해야 한다. 세쿼이아의 뿌리는 나무에서 30미터 떨어진 곳까

지 뻗어 가면서 다른 나무의 뿌리들과 뒤엉켜서 거대한 줄기를 지탱한다. 하지만 땅속으로 깊이 들어가지는 않는다. 이 나무가 어릴 때 자라는 속도도 경이롭다. 이탈리아에서 어린 나무모 한 그루가 겨우 17년 만에 22미터까지 자라나기도 했다.

--- 그림 설명 ---

자이언트세쿼이아
학명: *Sequoiadendron giganteum*
높이: 최대 80m

1: 나무
미국 캘리포니아 원산이며, 시에라네바다 산맥의 서쪽 비탈에 산다. 약 75군데에서 모여 자란다.

2: 암구과
길이: 5~7cm

구과가 나무 높은 곳에서 자라기 때문에 보면서 개수를 세기가 거의 불가능하지만, 한 그루에 1년에 11,000개까지도 달리는 듯하다.

3: 잎
세쿼이아 잎은 광합성도 하지만, 물을 머금는 중요한 역할도 한다. 세쿼이아 줄기 아랫부분에는 잎이 전혀 없다. 잎은 대기 중의 수분을 빨아들여 간직할 수 있는 높은 곳에만 달린다. 잎 표면에 물을 스펀지처럼 빨아들여서, 나무의 가장 윗부분이 쓸 수 있도록 저장한다.

4: 목재와 나무껍질
세쿼이아의 목재와 나무껍질은 놀라울 만치 부드러우면서 가볍다. 그래서 세쿼이아는 유연하고, 강풍이나 자체 무게 때문에 쓰러질 가능성이 적다. 매일 거대한 몸통이 팽창과 수축을 거듭하면서 줄기를 통해 수백 리터의 물을 운반한다.

> 나무

은행나무

은행나무는 무척 아름답다. 치렁치렁한 우아한 잎 덕분에 영어권에서는 '아가씨의 머리카락'이라는 별명도 갖고 있다. 전 세계에서 공원과 길가에 많이 심는다. 모양이 수려할 뿐더러, 도시의 오염과 극단적인 날씨 변화에 상당히 잘 견디는 듯하기 때문이다. 야생에서는 중국의 몇몇 지역에서 자란다.

야생에서 자라든 사람이 재배하든 간에, 오늘날 우리가 보는 은행나무는 단 한 종이다. 이 나무는 하나의 진화 계통에서 마지막으로 남은 존재다. 약 2억 5,000만 년 전에는 전 세계에 여러 종류의 은행나무들이 살았다. 그런데 모두 사라지고, 지금은 은행나무 한 종만 남아 있다. 은행나무는 2억 5,000만 년 동안 모습이 거의 변하지 않은 듯하다. 현생 은행나무 잎은 화석 기록으로 남아 있는 은행나무 잎과 모양이 거의 똑같다. 그래서 은행나무를 '살아 있는 화석'이라고 일컫곤 한다.

은행나무 잎은 모양뿐 아니라 잎맥이 뻗은 형태가 부채와 비슷하다. 은행나무는 낙엽수로, 날이 추워지면 잎을 떨군다. 키는 30~40미터까지 자란다. 침엽수처럼 은행나무도 겉씨식물이며, 꽃식물보다 먼저 진화했기에, 꽃 대신에 암수 생식 기관이 자루에 달린다. 은행나무는 암나무와 수나무가 따로 있다. 암나무는 잎겨드랑이에서 자라난 자루에 밑씨가 달리며, 밑씨가 수정되면 씨로 자란다. 씨는 각 자루에 하나씩 달린다.

―― 그림 설명 ――

은행나무
학명: *Ginkgo biloba*
1: 암나무의 가지에 달린 잎과 밑씨
키: 40m
중국 원산이다. 수명이 아주 길며, 추정 나이가 무려 3,500세인 나무도 있다.

살구처럼 보이는 열매는 사실 씨가 드러난 것이다. 맛있어 보일지 모르지만, 심한 악취를 풍긴다. 은행나무는 아마 썩은 고기를 먹는 공룡을 통해 씨를 퍼뜨리는 쪽으로 진화한 듯하다. 악취를 풍기는 이유가 그 때문일지 모른다.

2: 수나무의 미상 꽃차례
수나무에는 미상 꽃차례처럼 아래로 늘어지는 생식 기관이 자라난다. 잎겨드랑이에서 쌍으로 생기며, 독특한 꽃가루를 만든다. 꽃가루는 바람에 날려 퍼진다.

1

2

나무

온대 나무

온대 나무는 극지방과 열대 사이의 중위도 지역에서 산다. 열대와 한대 사이의 지역이 온대다. 온대는 여름에 따뜻하고 습한 반면, 겨울에는 춥고 건조하다. 그래서 온대에 자라는 나무는 빠르게 변하는 다양한 기후와 계절을 견딜 수 있어야 한다.

온대 지역에서 가장 중요한 계절 변화 중 하나는 낮의 길이다. 가을과 겨울에는 햇빛이 적게 들며, 따라서 나무가 광합성을 할 기회가 적다. 많은 종류의 온대 나무는 잎을 떨구는 방법으로 대처한다. 이렇게 잎을 떨구는 나무를 낙엽수, 이 과정을 낙엽이라고 한다. 나무는 유달리 가문 때에도 잎을 떨어뜨린다. 식물이 수분을 잃게 되는 부위는 대부분 잎이기 때문이다. 그래서 잎을 떨어뜨려서 물을 지키는 것이다. 가을 온대림의 색깔도 낙엽 때문이다. 잎이 더 이상 광합성을 할 필요가 없으므로, 광합성에 쓰이는 녹색 색소인 엽록소가 잎에서 사라진다. 그러면 잎의 다른 색소들이 드러나는 단풍 현상이 일어나면서, 드넓은 숲이 빨강, 노랑, 갈색으로 아름답게 물든다. 미국의 뉴잉글랜드, 한국의 설악산 등 전 세계 온대 지역에서 단풍을 발견할 수 있다.

잎을 떨어뜨리면 또 다른 이점도 있다. 대다수의 온대 나무는 크고 납작한 잎(침엽수의 바늘잎과 전혀 다르게 생긴 잎)을 잎자루라는 작은 줄기를 통해 가지에 매달고 있다. 이런 구조는 해가 비칠 때 에너지를 모으는 데에는 아주 좋지만, 눈이 내릴 때는 나무를 더 취약하게 한다. 잎에 눈이 쌓이면 나뭇가지가 무거워져서 부러지기 쉽기 때문이다.

온대 나무는 잎을 떨어뜨리기 전, 잎자루와 가지 사이에 떨켜라는 특수한 세포층을 만든다. 떨켜가 생기면 잎자루가 가지와 분리되면서 잎이 떨어져 나간다. 옥신이라는 호르몬이 이 과정을 조절한다. 여기에 실려 있는 나무들을 다 포함하여 온대 나무의 대다수는 1억 5,000만~8,000만 년 전에 진화한 속씨식물(꽃식물)이다. 침엽수보다 거의 1억 5,000만 년 뒤에 출현했다.

―――――――――――――――――― 그림 설명 ――――――――――――――――――

1: 개버즘단풍나무
학명: *Acer pseudoplatanus*
키: 최대 35m
a) 눈 b) 씨
이 나무는 유럽 중부 산지가 원산이며, 아마 스코틀랜드도 원산지에 포함될 것이다. 다른 지역들에도 전래되어 산다.

2: 뽕나무
학명: *Morus alba*
키: 20m 이상
a) 잎 b) 열매
중국 원산이며, 누에의 주식이다.

3: 로브르참나무
학명: *Quercus robur*
키: 36m
a) 잎 b) 도토리
거의 유럽 전역에서 자란다.

4: 국느릅나무
학명: *Ulmus procera*
키: 36m
a) 씨 b) 꽃

5: 유럽너도밤나무
학명: *Fagus sylvatica*
키: 40m
a) 씨 꼬투리 b) 잎

6: 유럽밤나무
학명: *Castanea sativa*
키: 35m
a) 잎 b) 씨

7: 진홍참나무
학명: *Quercus coccinea*
키: 21m
a) 잎 b) 도토리

8: 자작나무
학명: *Betula pendula*
키: 30m
a) 수꽃 미상 꽃차례 b) 암꽃 미상 꽃차례의 비늘 c) 암꽃 d) 수꽃

9: 큰잎단풍나무
학명: *Acer macrophyllum*
키: 15~30m
잎

10: 단풍나무
학명: *Acer palmatum*
키: 8m
잎

나무

열대 나무

열대는 적도 주변 지역을 가리키며, 기후가 독특하다. 기온이 1년 내내 평균 20~25도이며, 해가 비치는 시간도 1년 내내 같다. 시시때때로 많은 비가 쏟아져서 아주 습한 곳도 있다. 열대림에서는 성장에 영향을 미치는 낮 길이나 온도의 변화가 적으므로, 온대 지역의 나무들(25쪽의 자이언트세쿼이아 참조)과 달리, 나이테가 아예 생기지 않는 종들이 많다. 열대 나무의 껍질은 두께가 10밀리미터도 안 될 만치 얇을 때가 많고, 표면이 매끄럽고 색깔도 연하다.

열대 나무들은 크기와 모양이 매우 다양하다. 모양은 주로 각 지역의 기온과 강수량에 따라 정해진다. 아마존 우림처럼 열대에서 가장 습한 곳에서는 나무들이 (대개 30미터 이상일 만큼) 크고, (1년 내내 효율적으로 광합성을 할 수 있기 때문에) 상록수이며, 추위나 가뭄에는 (그럴 필요가 없으므로) 거의 대비가 안 되어 있다.

가장 큰 열대 나무들이 수직으로 곧게 자라려면 바닥을 잘 디디고 서야 한다. 그래서 큰 열대 나무들은 본 줄기에서 사방으로 뻗어 땅 위로 올라오는 곁뿌리인 '판뿌리'(고딕 대성당의 부벽과 비슷한 원리)가 발달했다. 틈새로 사람이 걸어 들어갈 수 있을 만큼 높이 솟아오른 판뿌리도 있다. 줄기 위쪽에서 땅을 향해 그보다 가느다란 '지주뿌리'를 뻗는 종류도 있다. 이런 나무는 마치 대말을 딛고서 걷는 것처럼 보인다. 한편 열대의 가장 습한 곳에는 물방울이 모여서 빨리 떨어지도록 끝이 뾰족한 모양의 잎들이 많다. 잎 표면에 고이는 빗물을 빨리 떨구기 위한 형태로 발전한 것이다. 잎은 대개 두껍고, 크며(최대 13센티미터 길이), 타원형이다.

1년에 몇 달은 건기에 접어드는 남아메리카의 카팅가처럼, 열대에서 좀 건조한 지역에는 키가 10미터를 넘는 나무가 거의 없다. 또 건기에 잎을 떨어뜨리는 낙엽수가 많다. 이런 나무는 가물 때를 대비해서 아주 깊이 뿌리를 내린다.

───────── 그림 설명 ─────────

1: 캐논볼나무
학명: *Couroupita guianensis*
키: 23m
줄기의 꽃과 눈
남아메리카 기아나 원산이다. 아름다운 향기를 풍기는 윤기 나는 화려한 꽃이 나무껍질에서 곧바로 피어난다. 열매는 녹슨 포탄들이 한데 매달려 있는 모습이다.

2: 파라고무나무
학명: *Hevea brasiliensis*
키: 최대 40m
a) 잎 b) 씨 꼬투리
남아메리카 북동부의 브라질(아마존 분지와 마토그로소 지역)과 기아나가 원산지다. 이 나무에서 나오는 우윳빛 유액은 천연고무의 원료다. 열매 하나에 씨가 3개씩 들어 있다.

3: 아키
학명: *Blighia sapida*
키: 최대 30m
a) 열매 단면 b) 줄기의 열매와 잎
열대 서아프리카 원산이긴 하지만, 자메이카에 특히 널리 퍼져 있으며 자메이카 토속 음식인 '아키와 절인 생선'의 재료로 쓰인다. 밝은 색깔의 열매에는 커다란 검은 씨가 3개 들어 있고, 씨에는 노르스름한 헛씨껍질이 붙어 있다. 헛씨껍질은 감촉이 스크램블드에그 같으며, 독성이 있는 아키 열매에서 먹을 수 있는 유일한 부위다. 단, 열매가 다 익어 저절로 벌어진 뒤에 먹어야 한다. 덜 익은 헛씨껍질은 '자메이카 구토증'을 일으킨다.

4: 벵골보리수
학명: *Ficus benghalensis*
키: 최대 30m
줄기에 붙은 잎
반얀나무로 불리기도 한다. 인도와 파키스탄이 원산지이며, 기생성 덩굴무화과의 일종이다. 처음에는 다른 나무에 붙어 자라다가, 결국 그 나무를 완전히 뒤덮어 죽인다. 나뭇가지에서 늘어지는 공기뿌리는 바닥까지 내려와서 나무줄기가 된다. 잎은 가죽질이고, 20~40센티미터 길이다. 열매(무화과)는 지름이 1~2센티미터 정도이다.

> 나무

과일 나무

사람은 늘 과일을 먹어 왔다. 고고학자들은 아프리카의 인류 정착지에서 5,000년 전의 기름야자 속씨(44~45쪽 참조)와 4,500년 된 바나나 잔해를 발견한 바 있다. 영국의 청동기 시대 유적지들에서도 4,000년 된 체리씨가 종종 발견된다. 과일이 먼 옛날부터 유용한 식량 자원이었음을 말해 주는 증거이다. 대부분의 과일은 나무에서 따서 그대로 먹을 수 있다.

그런데 식물에게도 과일이 중요할까? 식물은 왜 과일을 맺는 것일까? 맛 좋은 과일을 가지에 매달았다가 떨어뜨릴 필요가 과연 있을까? 이유는 모두 번식 때문이다. 모든 과일에는 씨가 들어 있다. 사과나 배처럼, 씨가 과육 깊숙이 박혀 있는 종류도 있다. 반면에 블랙베리나 딸기처럼 부드러운 과일 바깥에 씨가 붙어 있는 종류도 있다. 버찌와 복숭아처럼 부드러운 열매 안에 커다란 핵과가 하나 들어 있는 종류도 있다. 감귤류, 파인애플, 바나나처럼, 과육과 씨가 질긴 껍질로 감싸인 것도 있다. 과육이 드러나면 말라 버리는 뜨거운 기후에서 자라는 과일들이 대개 그렇다.

과육은 맛이 좋고 영양분이 풍부하다. 여기에는 그럴 만한 진화적 이유가 있다. 많은 식물은 씨를 퍼뜨리기 위해 동물과 새를 이용한다. 맛있는 과일로 씨를 감싸 놓으면 지나가던 동물이 과일을 먹는다. 안에 든 씨는 동물의 소화계를 지나서 그대로 배설된다. 조금 멀리 떨어진 새로운 환경에서 비료가 되어 줄 배설물과 함께 땅에 떨어지므로, 씨는 잘 자랄 수 있다.

그런데 과일 바구니나 과일 샐러드에 들어가는 것만 과일은 아니다. 커피도 과일에서 나오고, 초콜릿을 만드는 카카오도 그렇다. 이런 기호 식품은 인류에게 활력과 여유를 제공하는 한편으로, 정복과 교역의 역사에도 기여했다.

그림 설명

1: 카카오나무
학명: *Theobroma cacao*
키: 8m
a) 열매 단면 b) 꽃
카카오 열매는 단맛이 나는 과육 안에 커다란 씨들이 가득 들어 있는 껍질이 두꺼운 꼬투리 형태이다. 씨를 발효시켜서 말린 뒤 잘게 갈면, 초콜릿의 원료인 코코아 가루가 된다. 이렇게 하면 먹을 수 있다는 것은 약 2,000년 전에 중앙아메리카 사람들이 발견했다.

2: 커피나무
학명: *Coffea arabica*
키: 8m
a) 열매 단면 b) 꽃 c) 잎과 과일
커피는 세계에서 가장 선호되는 음료 중 하나이자, 가장 중요한 상업 작물 중 하나이며, 두 번째로 가치 있는 국제 교역 상품이다. 이 아라비카 커피나무가 가장 맛좋은 커피콩을 맺는다고 알려져 있다. 열대 아프리카 북동부가 원산지이며, 아마 동부 지역도 원산지일 것이다. 작고 붉은 핵과 (단단한 씨를 과육이 감싼 열매) 안에 (씨 하나를 지닌) '커피콩' 두 개가 들어 있다.

3: 캐슈
학명: *Anacardium occidentale*
키: 14m
잎과 열매
이 열대 상록수는 브라질 북동부가 원산지다. 캐슈 열매는 서양배와 비슷하게 생긴 과육 아래쪽에 단단한 콩팥 모양으로 붙어 있다. 서양배 모양의 과육 부분은 '캐슈애플'이라고 하는데, 사실은 열매 자루가 부풀어 오른 것이다. 단단한 콩팥 모양 부분에 씨가 들어 있으며, 이 씨를 가리켜 '캐슈너트'라고 한다.

4: 바나나
학명: *Musa acuminata*
키: 15m
꽃
재배되는 바나나의 야생형 조상이다. 바나나는 수천 년 동안 개량된 끝에 맛있는 과일이 되었다. 슈퍼마켓에서 많이 볼 수 있는 노란 바나나 품종은 캐번디시라고 하는데, 전 세계에서 생산되는 바나나 중 일부분에 불과하다.

5: 복숭아나무
학명: *Prunus persica*
키: 최대 10m
과일 단면과 잎
복숭아는 핵과다. 각각의 복숭아 안에 단단한 씨가 하나씩 들어 있다.

6: 두리안
학명: *Durio zibethinus*
키: 최대 30m
과일 단면과 꽃
아주 크고 무겁고 뾰족뾰족한 과일 안에 아주 커다란 씨들이 가득하다. 씨는 먹을 수 있는 헛씨껍질로 완전히 감싸여 있다. 과일이 다 익으면, 맛 좋은 헛씨껍질은 진한 커스터드크림처럼 된다. 대부분의 유럽인을 비롯해 많은 사람들이 두리안 냄새를 싫어하지만, 아시아에서는 두리안을 '과일의 왕'이라고 부른다.

나무

원예용 관목

17세기부터 유럽인들은 개인 정원과 공원을 꾸미기 위해 전 세계의 아름다운 식물들을 수집했다. 그래서 식물은 유럽의 중요한 교역품이 되었다. 부자들은 앞다투어 식물 사냥꾼을 고용했고, 식물 사냥꾼들은 새로운 식물을 찾아 전 세계를 뒤졌다. 부자들은 구한 식물을 자랑하기 위해 온실과 유리 정원을 점점 더 화려하게 꾸몄다. 섬세한 난초(72~75쪽 참조)부터 거대한 수련(84~85쪽 참조)에 이르기까지 온갖 식물을 모아 놓는 식이었다. 한편 야외 정원을 꾸밀 식물의 교역도 활발했다. 1930년대 네덜란드에서는 모두가 탐내는 튤립 품종인 '바이스로이'의 가격이 하늘 높은 줄 모르고 치솟았다가 역사상 최초의 금융 시장 붕괴를 일으키기도 했다. 어떤 지역에서는 식물 사냥꾼들이 마구 채집을 하는 바람에 고유종들이 다 뽑혀서 멸종에 이르기도 했다.

원예용 식물은 1년 내내 야외에서 키워야 하므로, 북유럽의 춥고 축축한 겨울도 견딜 수 있는 식물을 찾아내는 것이 식물 사냥꾼의 주요 목표였다. 이 때문에 현재 유럽에서 흔한 원예용 관목 중 상당수는 기후가 비슷한 지역에 살던 것들을 유럽 각지로 들여온 것이다. 대부분은 중국의 히말라야 지역에서 왔고, 중앙아메리카와 북아메리카 동부에서 온 식물이 그다음으로 많다.

―――――――――――――――――― 그림 설명 ――――――――――――――――――

1: 병꽃푸크시아
학명: *Fuchsia triphylla*
키: 30cm~1m
잎과 꽃
이 작은 관목은 아이티와 도미니카 공화국이 원산지이며, 전 세계 정원에서 자라는 110여 종의 푸크시아 중 하나다. 초봄부터 늦가을 사이에 아주 아름다운 꽃이 핀다.

2: 태산목
학명: *Magnolia grandifolia*
키: 최대 25m
꽃의 수직 단면
커다란 상록수이며 미국 남동부가 원산지다. 지름이 30센티미터에 달하는 향기 나는 하얀 꽃이 핀다. 목재는 단단해서 가구를 만드는 데 쓰인다.

3: 용왕꽃(프로테아)
학명: *Protea cynaroides*
키: 최대 2m
꽃
성긴 가지에 가죽질 잎이 나는 상록수다. 사발 모양에 지름이 15~30센티미터쯤 되는 두상화가 핀다. 꽃은 붉은색이나 분홍색, 또는 크림색의 삼각형 꽃턱잎(꽃잎이 아니라 잎이 변형된 것)에 감싸여 있다. 사발 안쪽 한가운데에 길고 작은 꽃들이 촘촘히 많이 모여 핀다. 남아프리카 공화국의 국화이며, 남아프리카 온대 지역에 퍼져 있다.

4: 솔란지목련
학명: *Magnolia × soulangeana*
키: 최대 6m
가지에 달린 꽃과 눈
작은 낙엽성 관목으로, 지름이 약 25센티미터에 잔 모양을 한 꽃이 흰색, 분홍색, 자주색으로 핀다. 중국의 야생종 두 가지를 교배하여 만든 품종으로 정원에 많이 심는다.

나무

환경: 우림

우림은 풍성하고도 매혹적인 곳이다. 월 강수량이 100밀리미터 이상이어서 습하고, 기온이 1년 내내 18도 이상인 곳에서 발달한다. 세계에서 중요한 3대 우림은 중앙아메리카와 남아메리카, 중앙아프리카, 동남아시아에 있다. 언제나 습하고 더운 우림은 수많은 종류의 식물들이 함께 (나란히 또는 위아래로) 살아가는 비옥한 환경이다. 이 식물들은 저마다 다른 전략을 써서 풍부한 천연자원을 나누어 쓴다. 어떤 종류는 가느다란 줄기를 높이 뻗어 위쪽에 드넓게 무성한 수관을 펼쳐서 햇빛을 받는다. 한편, 어떤 종류는 다른 식물을 감고 기어 올라가기도 한다. 땅을 기면서 축축한 흙에서 풍부한 양분을 빨아들이는 종류도 있다.

    우림에서 가장 키가 큰 나무는 수관 위쪽으로 삐죽 솟아 있다. 이들을 돌출목이라고 하며, 브라질너트나무 같은 우아한 거목들이 대표적이다. 브라질너트나무는 50미터까지도 자라며, 아마존 우림에서 가장 키가 큰 나무에 속한다. 돌출목은 대개 줄기가 가늘며, 따라서 가볍다. 가지와 잎은 맨 꼭대기에만 달려 있다.

    돌출목 아래로는 수관층이 있다. 상록수와 반상록수의 가지와 잎이 빽빽하게 자라서 만드는 울창한 층이다. 위에서 보면 풀로 뒤덮인 언덕이 굽이치는 듯한 모습이다.

    그 밑으로 하층이 있다. 수관을 뚫고 들어오는 약한 햇빛으로도 효율적으로 광합성을 할 수 있는 식물들이 산다. 덩굴 식물, 착생 식물(다른 식물에 붙어 자라는 식물), 드넓게 잎을 펼친 양치류, 맹그로브 같은 습지 식물, 유기물이 풍부한 흙에서 잘 자라는 곰팡이 등을 발견할 수 있다.

    우림에서 살아가는 종의 수와 다양성은 믿기 어려울 만큼 엄청나다. 에콰도르 우림 1헥타르에서는 한 그루 걸러 한 그루씩이 다 다른 종일 정도로 다양한 나무들이 산다. 리오팔렝케 숲 80헥타르에는 1,030종이 산다. 그에 비해 영국 제도 전역에 사는 종자식물은 다 모아도 1,380종에 불과하다.

    우림은 끊임없이 변하면서 재생하는 역동적인 체계다. 커다란 나무가 죽어 쓰러지면, 수관층과 바닥에 넓은 빈자리가 생긴다. 햇살이 바닥까지 닿으면서 새 생명이 자라기 시작한다. 한편 쓰러진 나무줄기는 그 자체로 하나의 세계가 된다. 썩어 가면서 온갖 동식물의 서식지가 되어 주는 것이다.

식물 박물관

3 전시실

야자나무와 소철

소철

야자나무

기름야자

야자나무와 소철

소철

소철을 처음 보면, 야자나무라고 생각하기 쉽다. 줄기 끝에 고사리 같은 긴 잎들이 왕관처럼 뻗어 나온 모습이 딱 야자나무 같다. 사실 소철은 야자나무보다 훨씬 오래된 식물이다. 소철류는 약 3억 1,800만 년 전에 진화했으며, 아마 종자고사리가 조상인 듯하다. 따라서 소철류는 현생 종자식물 중에서 가장 오래된 계통이다.

야자류와 달리, 소철류는 꽃이 없고, 구과가 열린다. 이런 점에서 침엽수와 은행나무와 비슷하기 때문에 소철류는 겉씨식물(22~27쪽 참조)로 분류된다. 소철류는 줄기가 길쭉한 원통형이고, 대개 가지가 없다. 잎은 줄기 꼭대기에서 곧바로 난다. 오래된 잎들은 떨어지고, 줄기에는 독특한 다이아몬드 무늬가 남는다. 그 위로 새로운 잎들이 왕관처럼 자란다.

오늘날 소철류는 약 300종이 있다. 열대와 아열대에서 따뜻한 온대 지역까지 다양한 환경에 산다. 소철류는 모두 수명이 길고 1,000년 넘게 사는 것도 있다. 암나무와 수나무가 따로 있다. 수나무에는 꽃가루를 지닌 구과가, 암나무에는 나중에 씨가 되는 밑씨가 든 구과가 열린다.

오랫동안 사람들은 침엽수처럼 소철류도 바람을 이용하여 수정을 한다고 생각했다. 하지만 전부는 아니라고 해도 대부분의 소철은 바구미가 꽃가루를 옮겨 주어서 수정이 된다는 사실이 드러났다. 소철 씨는 크고 겉껍질이 두툼한 다육질이라서 새, 설치류, 박쥐 등 다양한 동물이 먹으러 온다. 이 동물들이 씨를 빨리 퍼뜨려 준다. 소철 씨는 오래 살지 못하고 건조한 환경에 취약하기에 동물의 힘을 빌리는 방법이 유용하다.

그림 설명

1: 동케이프소철
학명: *Encephalartos altensteinii*
키: 6m
남아프리카 원산이다. 수명이 아주 길고 (1년에 약 2.5센티미터씩) 느리게 자라며, 원예용으로 인기가 있다. 야생에서는 가파른 바위 비탈의 탁 트인 관목 지대에서 골짜기의 울창한 상록수림에 이르기까지 해안에서 가까운 다양한 서식지에 산다.

2: 페록스소철
학명: *Encephalartos ferox*
키: 1m
잎
밝은 주홍색 구과가 열린다. 암구과는 아주 크며, 빽빽하게 모인 비늘 조각으로 덮여 있고, 커다란 씨가 두 개 맺힌다. 남아프리카의 콰줄루나탈 주 북부와 모잠비크 남부가 원산이며, 지금은 널리 퍼져 있다. 고도 20~100미터의 저지대에서 자란다.

3: 왕소철
학명: *Cycas angulata*
키: 2~9m
암나무에 달린 익고 있는 씨
대다수의 소철이 단단하고 치밀한 구과가 열리는 반면, 이 종은 둥근 씨가 맺힌다. 오스트레일리아에서 자라는 소철로 길이 100~140센티미터에 윤기가 나는 독특한 청록색 잎이 달린다.

4: 소철
학명: *Cycas revoluta*
키: 1~3m
잎
일본 전역과 중국 푸젠성 해안에 널리 퍼져 있다. 소철은 때로 '사고야자'라고도 불리고, 열매를 가공하여 얻은 전분을 '사고'라고 팔기도 한다. 하지만 진짜 사고야자(학명: *Metroxylon sagu*)는 따로 있으며, 소철류가 아니라 야자류에 속한다.

야자나무와 소철

야자나무

야자는 세계에서 가장 중요한 꽃식물 중 하나다. 2,600종이 넘는다. 가장 긴 잎(라피아야자: 잎 길이 25미터, 폭 3미터), 가장 큰 씨(코코드메르야자: 씨 길이 최대 30센티미터, 무게 18킬로그램), 가장 큰 꽃송이(탈리폿야자: 갈라진 꽃대 하나에 무려 2,400만 개의 꽃들이 달린 길이 8미터의 꽃송이) 등 식물계의 세계 기록 보유자들도 많다. 또 코코넛, 대추야자 열매, 빈랑나무 열매, 팜유(44~45쪽 기름야자 참조) 등 세계 경제에서 가치가 높은 중요한 산물들을 생산하는 종도 있다.

야자는 전 세계의 열대와 아열대 지역에 산다. 하지만 열대 우림에 사는 종이 가장 많다. 생김새가 비슷한 소철류와 달리, 야자류는 꽃식물이다. 비교적 최근인 약 1억 년 전에 진화하여 최초의 열대 우림에서 다양하게 분화했다.

야자는 줄기 꼭대기에서 넓게 펼쳐지는 커다란 초록 잎을 보면 쉽게 알아볼 수 있다. 잎은 부채 모양이거나 깃털 모양이며, 대개 줄기 끝에 나선형으로 배열된다. 야자나무의 잎은 꽃식물 중에서도 독특한 특징이 있다. 잎이 처음에는 수관의 중심에서 길쭉한 칼 모양으로 솟아난다. 이 '칼 잎'이 펼쳐지면서 말려 있는 소엽들의 모습이 드러나고, 이어서 소엽들이 쫙 펼쳐진다.

야자나무의 꽃은 눈에 잘 띄지 않지만, 자세히 살펴보면 섬세하면서 복잡한 구조를 지닌 것을 알 수 있다. 예전에는 바람으로 수정이 이루어진다고 생각했지만, 지금은 벌, 딱정벌레, 바구미, 파리 같은 곤충들이 주로 꽃가루를 옮긴다는 사실이 밝혀졌다.

그림 설명

1: 바카바야자
학명: *Oenocarpus distichus*
키: 10m
키 큰 야자로, 아마존 남부 원산이다. 긴 깃꼴잎(많은 소엽들로 이루어진 깃털 모양 잎)이 줄기와 연결된 납작한 면에서 펼쳐진다. 열매로는 바카바술을 빚는다. 열매에서 식용유를 짜낼 수도 있다.

2: 코코드메르야자
학명: *Lodoicea maldivica*
키: 최대 34m
씨
세이셸야자로도 불리며, 세상에서 가장 긴 잎(최대 10미터)과 가장 크고 무거운 씨를 지닌다. 거대한 씨는 대개 두 부분으로 갈라져 있으며, 무게 18킬로그램, 지름 30센티미터까지 자랄 수 있다.

3: 코코야자
학명: *Cocos nucifera*
키: 최대 30m
열매
열매(길이 20~30센티미터)인 코코넛은 섬유질 핵과이며, 진짜 '견과(nut)'는 아니다. 코코넛은 세 층으로 나뉜다. 두꺼운 섬유질 중과피 안에 단단한 속 과피('견과'라고 부르는 것의 껍데기)가 있고, 그 안쪽에 하얀 배젖이 있다. 배젖이 우리가 먹는 부분이다. 배젖은 두께가 12~15밀리미터이고 속이 비어 있다.

4: 주병야자
학명: *Hyophorbe lagenicaulis*
키: 3~4m
작은 야자로, 회색 줄기는 밑동이 불룩하다. 그래서 주병야자라는 이름이 붙었다. 깃털 같은 잎들이 4~8개 모여서 작은 수관을 이루고 있으며, 잎은 길이 약 3미터까지 자란다. 모리셔스의 라운드 섬 원산이며, 최근에 그 섬에서 멸종될 뻔하다가 가까스로 복원되었다.

5: 사발야자
학명: *Sabal minor*
키: 1m
잎과 열매
부채 같은 잎이 달린 작은 종으로, 가장 추위에 잘 견디는 야자나무에 속한다. 미국 남부가 원산지이다. 아메리카 원주민인 후마족의 중요한 전통 약재였다. 후마족은 이 식물의 작은 뿌리를 캐서 여러 질병 치료에 썼다. 눈이 쓰릴 때에는 즙을 짜서 눈에 문질렀고, 말린 뿌리를 섞은 약재는 고혈압과 콩팥병을 치료하는 데 썼다.

야자나무와 소철

기름야자

아프리카 기름야자에서 얻은 기름은 전 세계에서 과자, 케이크, 비누, 립스틱 등 수많은 일상용품을 만드는 데 널리 쓰인다. 씨에서 기름을 짜고 난 찌꺼기는 비료, 자동차 연료, 심지어 도로 포장재로도 쓸 수 있다. 고고학적 증거는 우리 인류의 조상들도 기름야자를 중요히 여겼음을 시사한다. 서아프리카의 여러 고대 유적 발굴지에서 5,000년 전의 야자 씨도 발견되었다.

야생에서 기름야자는 서아프리카와 서남아프리카의 습한 숲의 가장자리와 더 건조한 지역의 물가를 따라 자란다. 나무 한 그루에 줄기가 하나씩이며, 높이 20미터까지 자란다. 잎도 커서 길이가 3~5미터에 이르기도 한다. 어린 나무는 약 30개, 오래된 나무는 약 20개씩 해마다 새 잎이 달린다.

열매는 큰 다발을 이루어서 자라며, 수정된 뒤 익기까지 5~6개월 걸린다. 과육과 씨에 귀한 기름이 많이 들어 있다.

기름야자는 동남아시아, 아프리카, 남아메리카 여러 지역에서 중요한 작물로 널리 재배된다. 동남아시아에는 우주에서 보일 만큼 아주 드넓은 농장들도 있다. 이렇게 세계적인 규모로 이루어지는 기름야자 재배는 지역 환경에 문제를 일으키고 있다. 이 나무가 잘 자라는 최적의 장소에 세계에서 생물 다양성이 가장 높고 중요한

열대 우림들이 포함되기 때문이다. 많은 우림이 기름야자를 재배하기 위해 벌목되었고, 그 결과로 해당 지역에 사는 동물과 식물들이 멸종으로 내몰리고 있다.

하지만 이 문제를 해결하려는 노력도 이루어지고 있다. 전 세계에서 기름야자를 거래하고 이용하는 기업들 중 상당수가 현재 '지속 가능한 야자유 원탁회의(RSPO)'라는 모임에 가입했다. 이 모임의 목표는 현재와 미래의 열대 우림에 최대한 피해를 입히지 않으면서, 지속 가능한 방식으로 기름야자를 재배하는 것이다. 한편, 야자유가 생태계를 위협하는 방식으로 생산된다는 사실에 우려를 표하는 소비자도 점점 늘고 있다.

그림 설명

기름야자
학명: *Elaeis guineensis*
1: a) b) c) d) 열매의 전체 모습과 다양한 단면들
길이: 2~5cm
기름야자 열매는 익은 정도에 따라 검은색에서 오렌지색을 띤다. 열매의 무게는 10~30그램 정도이다. 과육 중 30~60퍼센트가 야자유다. 속껍질 안에 씨가 있고, 씨에도 기름이 들어 있다.

2: 수꽃차례
꽃자루 하나에서 난 꽃송이
길이: 35~40cm

3: 습성(식물이 자라는 모양)
키: 최대 20m
잎 길이: 3~5m

4: 수꽃
a) 꽃 b) 꽃 단면
길이: 15~25mm
수꽃차례의 각 가지에 400~1500개씩 꽃이 핀다.

5: 암꽃차례
길이: 35~40cm

식물 박물관

4 전시실

풀

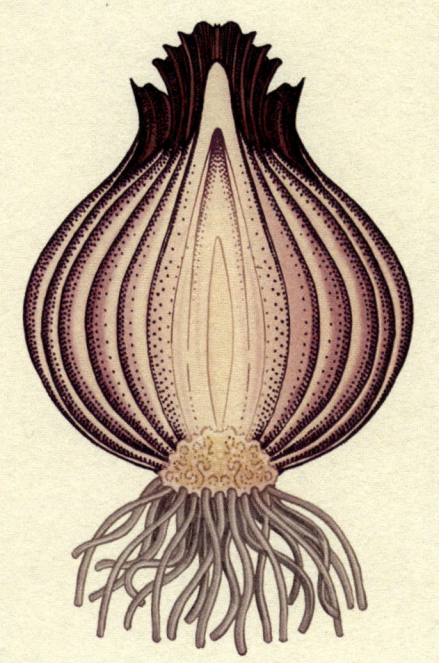

꽃의 구조

야생화

기르는 꽃

알뿌리 식물

지하부를 먹는 식물

덩굴 식물

환경: 고산 식물

풀

꽃의 구조

꽃은 자연의 과시 방법이다. 꽃이 드러내는 눈부시도록 다양한 색깔, 모양, 크기, 냄새는 자연이 이룬 가장 큰 성취 중 하나다. 식물이 꽃에 그토록 많은 에너지를 투자하는 이유는 꽃의 기능 때문이다. 꽃의 모든 것은 번식과 관련이 있다.

꽃에는 꽃가루를 만드는 수 생식 기관과 알세포를 품은 밑씨가 든 암 생식 기관이 들어 있다. 밑씨는 꽃가루와 합쳐져 수정이 되면, 발달해서 씨가 된다. 이 씨에서 새 식물이 자람으로써 다음 세대의 식물이 나온다. 한 꽃에 암수 생식 기관이 다 있는 식물도 있고, 암꽃과 수꽃이 따로 피는 종류도 있다. 식물은 꽃가루를 밑씨에 전달하기 위해 놀라울 만치 다양한 방법을 개발했다. 꽃의 물리적인 특징을 보면 각 식물이 어떤 방법을 쓰는지 짐작할 수 있다.

동물을 이용하여 수정을 하는 식물은 다양한 방법을 써서 동물을 꾄다. 동물 중에서도 꽃가루를 옮기는 일을 주로 하는 일곱 집단이 있다. 딱정벌레, 파리, 벌, 나비, 나방, 새, 박쥐. 딱정벌레류는 시력이 안 좋은 반면, 후각이 좋고 몸집이 크다. 그래서 딱정벌레가 가루받이를 하는 꽃은 색깔이 칙칙하며, 무거운 손님을 지탱하기 위해 크고, 냄새를 많이 풍긴다. 반면에 나비류는 시력이 좋고 혀가 길다. 그래서 나비가 꽃가루를 옮기는 꽃은 대개 밝은 색을 띠고, 착륙장 역할을 하는 편평한 꽃 입술을 갖추고, 긴 혀를 집어넣어야 꽃꿀을 얻을 수 있도록 긴 통 모양을 하고 있다. 꽃꿀은 꽃이 꽃가루 매개자에게 대가로 주는 달콤한 액체로서, 단 냄새를 풍

겨서 동물을 꽃이 있는 자리로 끌어오는 역할도 한다. 나비가 꽃을 빨 때, 꽃가루는 나비의 몸에 묻었다가 나비가 다음에 들르는 꽃을 수정시킨다.

반면에 벼 같은 식물은 바람을 통해 가루받이를 한다. 그러면 꽃이 색깔도 냄새도 갖출 필요가 없다. 동물을 꾀지 않아도 되기 때문이다. 이런 식물의 꽃은 대개 다른 부위들처럼 녹색을 띠며, 꽃잎이 작거나 아예 없다. 또 꽃가루가 바람에 잘 흩날릴 수 있도록 꽃이 맨 꼭대기에서 핀다.

그림 설명

1: 기는미나리아재비
학명: *Ranunculus repens*
키: 최대 30cm
a) 씨 단면. 각 씨에는 배젖이 있고, 그 속에 작은 배아가 들어 있다. b) 꽃의 수직 단면 c) 수술-꽃의 수 생식 기관이며, 수술대와 그 끝에 달린 꽃밥으로 이루어진다. 꽃밥에서 꽃가루가 만들어진다. 이 꽃은 방사 대칭이다. 그래서 꽃을 대칭으로 나누는 대칭선을 여러 개 그을 수 있다. 곤충이 가루받이를 한다.

2: 호밀풀
학명: *Lolium perenne*
키: 30~60cm
a) 꽃 단면 b) 꽃대에 달린 꽃송이(잔이삭) 바람으로 가루받이하는 풍매화로서, 잎보다 한참 높은 꼭대기에 꽃이 핀다. 꽃가루를 담은 꽃밥이 달린 수술대는 길어서 바람을 잘 받는다.

3: 금어초
학명: *Antirrhinum majus*
키: 최대 30cm
a) 수술 b) 씨방의 종단면 c) 씨방의 횡단면 d) 꽃잎과 수술을 보여 주는 꽃 단면
e) 꽃의 종단면
금어초는 꽃이 좌우 대칭이어서 대칭선을 하나만 그을 수 있다. 꽃잎은 네 장이며, 모양이 다 다르다. 윗입술 꽃잎, 좌우 꽃잎, 아랫입술 꽃잎으로 구분된다. 이 꽃잎들이 모여서 일종의 통을 만든다. 꽃가루 매개자인 벌은 꽃꿀을 빨기 위해 꽃잎으로 이루어진 통 안으로 들어가야 하며, 이때 특정한 자세를 취하게 된다. 그래서 꽃가루는 늘 벌의 동일한 신체 부위에 달라붙어 가루받이가 이루어진다. 아주 효율적인 가루받이 체계다.

풀

야생화

사람이 심거나 사람의 손으로 개량하지 않아 자연에서 저절로 자라는 꽃식물을 야생화라고 한다.

야생화는 풀이다. 풀은 초본이라고도 불린다. 땅 위로 솟아오르는 목질의 줄기가 1년 내내 없다는 뜻이다. 대신에 꽃이 피고 씨가 맺혔다가 떨어지면, 줄기는 시들어서 쓰러지고, 결국은 썩어서 흙으로 돌아간다. 초본은 세 종류가 있다. 한해살이, 두해살이, 여러해살이다. 한해살이풀은 1년 즉 한철만 살면서 꽃을 피운 뒤 죽는다. 세대를 이어가기 위해, 씨를 아주 많이 만든다. 씨는 겨울이나 건기를 흙 속에서 버틴 뒤, 이듬해나 날씨가 좋아질 때 싹이 튼다.(사막에서는 잠깐 비가 내리는 시기에 꽃이 만발한다.) 두해살이풀과 여러해살이풀은 땅속에 있는 부위가 살아남아서 봄에 다시 자라 꽃을 피운다.

두해살이풀과 여러해살이풀은 수명이 다르다. 두해살이는 2년째에만 꽃을 한 번 피우지만, 여러해살이는 해마다 꽃을 피운다. 땅속의 어느 부분이 남을지는 식물마다 다르다. 크로커스와 튤립처럼 알뿌리가 남기도 하고(54~55쪽 참조), 생강처럼 굵게 자란 뿌리줄기가 남기도 한다(56~57쪽 참조).

야생화는 씨를 어떻게 퍼뜨리는지에 따라 전혀 다른 모습을 띤다. 한해살이는 한살이에 단 한 번 씨를 맺어서 퍼뜨리므로, 씨를 퍼뜨릴 기회를 최대화하는 것이 대단히 중요하다. 많은 야생화가 생존 확률을 높이기 위해 씨를 엄청나게 많이 만든다. 씨를 퍼뜨리는 절묘한 방법을 개발한 종류도 많다. 민들레는 솜털 같은 낙하산을 써서 가볍게 불어오는 바람에도 씨가 멀리까지 날아가게 한다. 양귀비 열매의 꼬투리는 마르면 확 터지면서 그 안에 들어 있던 씨들을 멀리까지 퍼뜨린다.

──────────── 그림 설명 ────────────

1: 검은눈천인국(루드베키아 종류)
학명: *Rudbeckia hirta*
키: 30cm~1m

2: 개양귀비
학명: *Papaver rhoeas*
키: 최대 60cm

3: 베로니카
학명: *Veronica chamaedrys*
키: 최대 30cm

4: 서양매발톱꽃
학명: *Aquilegia canadensis*
키: 60cm

5: 서양민들레
학명: *Taraxacum officinale*
키: 최대 30cm
두상화 지름: 2.5~7.5cm
a) 두상화 b) 피기 전의 열매차례
c) 열매차례 d) 바람에 씨가 날린 뒤의 열매차례. '낙하산'이 붙은 씨 4개가 남아 있는 모습.
민들레는 커다란 노란 꽃 한 송이가 피는 듯이 보이지만, 사실 그 꽃은 아주 작은 꽃들이 많이 모여서 두상화를 이룬 것이다. 두상화의 일부인 각 꽃은 낱꽃이라고 한다.

6: 실잔대
학명: *Campanula rotundifolia*
키: 10~30cm

7: 대상화
학명: *Anemone hupehensis*
키: 30cm~1m

8: 애기범부채
학명: *Crocosmia × crocosmiiflora*
키: 30cm~1m

> 풀

기르는 꽃

사람들은 식물을 길러서 질병을 치료하는 데 쓸 수 있음을 오래전에 깨달았다. 중세의 의사들은 병에 걸리면 병이 난 신체 부위와 모습이 가장 닮은 식물로 치료할 수 있다고 믿었다. 검은눈천인국은 눈병에 좋다고 보았고, 브로콜리는 폐 질환에 쓰였다. 지금도 약재로 쓰려고 재배하는 식물이 많다. (물론 이제는 믿을 만한 과학적 증거가 더 있다!) 한 예로 양귀비는 모르핀과 코데인이라는 중요한 진통제 두 가지를 만드는 데 쓰인다. 불행히도 양귀비는 위험한 중독성 마약인 헤로인을 만들기 위해 재배되기도 한다. 그래서 이 아름다운 양귀비는 세계에서 가장 논란이 많은 꽃이기도 하다.

식용으로 재배되는 꽃도 있다. 해바라기는 맛좋은 씨를 맺는다. 이 씨는 그냥 먹을 수도 있고, 짜서 다방면에 쓰이는 향긋한 기름을 얻을 수도 있다. 해바라기 씨 기름은 불포화 지방산 함량이 높아서 샐러드, 요리, 마가린을 만들 때에도 널리 쓰인다. 해바라기 씨 기름은 바이오 연료(석유나 석탄 같은 화석 연료 대신에 식물이나 다른 유기물로 만든 연료), 비누 제조, 페인트를 만드는 건성유 등에도 쓰인다. 기름을 짜고 남은 씨껍질도 쓰임새가 있다. 두유와 섞어서 단백질이 풍부한 사료를 만들어 가축을 먹이기도 한다. 또 오래전부터 아메리카 원주민들은 해바라기 씨를 잘 갈아서 밀가루 대신 빵을 만드는 데 썼다.

향기 때문에 기르는 꽃도 있다. 장미와 라벤더는 고대 로마인들이 북유럽에 처음으로 들여왔다. 둘 다 향수 제조에 쓰인다. 라벤더는 고대 그리스인들이 향기를 맡기 위해 처음으로 재배했다고 한다. 잘 알려지지 않았지만, 붓꽃도 향수용으로 재배해 왔다. 향기를 얻으려면 붓꽃의 뿌리줄기를 3년 동안 저장해야 한다. 저장해 뒀던 뿌리줄기를 꺼내어 짜면, 오리스라고 부르는 독특한 기름이 나온다. 이 기름은 버터 색깔이며, 제비꽃 향기가 난다. 또한 오리스는 다른 향기를 더 강하게 해 주는 별난 특성도 지닌다.

물론 그냥 보기 좋아서 기르는 식물도 많다. 사람들은 이국적이거나 특이한 색깔을 띤 식물을 뜰이나 화분에 옮겨 심는 것을 좋아하기 때문에, 전 세계에서 온갖 꽃이 수집되어 재배되곤 한다. 헬레보어는 다채로운 색깔이 아름다운 데다 겨울과 봄에 꽃을 피우기 때문에, 정원사들이 특히 좋아하는 식물이다. 헬레보어의 원산지는 발칸반도, 중동, 중국으로 알려져 있다.

그림 설명

1: 헬레보어
학명: *Helleborus sp.* (잡종)
키: 30cm

2: 해바라기
학명: *Helianthus annuus*
키: 최대 3m
꽃 지름: 10~50cm

3: 양귀비
학명: *Papaver somniferum*
키: 최대 60cm
씨앗 머리

4: 독일붓꽃
학명: *Iris × germanica* (잡종)
키: 60~90cm

알뿌리 식물

양파를 자르면, 다육질의 여러 층과 함께 그 한가운데에 있는 뾰족한 싹이 보인다. 바깥층은 종이 같은 얇은 껍질로 감싸여 있다. 밑부분에는 실 같은 작은 뿌리들이 붙어 있다. 잘 포장된 식품 꾸러미 같다. 이런 생김새는 식물이 가뭄이나 추위를 견디고 이듬해까지 살아남기 위한 방법이다.

양파는 알뿌리다. 알뿌리는 땅속에서 난 싹을 변형된 잎(여러 층)이 감싼 구조다. 땅에서 위쪽을 향해 놓여 있을 때에만 싹이 자랄 것이다. 날씨가 나빠지면, 식물은 사실상 일종의 동면이나 휴면 상태에 들어간다. 이때 땅 위로 튀어나와 있던 부위는 죽는다. 그 뒤에 날씨가 따뜻해지거나 비가 내리면, 알뿌리에서 싹이 돋아서 흙을 뚫고 나온다. 땅 위로 고개를 내민 눈풀꽃, 블루벨, 크로커스, 수선화는 온대 지역에서 봄을 알리는 친숙한 전령들이며, 뒤이어 꽃들이 풍성하게 피어난다.

이 식물들이 알뿌리를 만든다고 해도 (그리고 이 형태로 여러 해를 생존할 수 있다고 해도) 번식은 여전히 씨로 한다. 씨는 수정된 꽃에서 발달하며, 흔한 다양한 방식으로 퍼진다. 이 과정은 느리다. 수선화 씨에서 성숙한 수선화가 자라기까지 5년이 걸린다. 처음 몇 년 동안은 에너지의 대부분을 알뿌리를 키우는 데 쓰기 때문이다.

인류는 수천 년 동안 다육질의 지하부를 지닌 식물을 식량으로 이용해 왔다. 예를 들어, 고대 이집트에서 양파가 재배되었다고 말하는 고고학적 증거가 있다. 마늘도 고대부터 식량과 약재로 이용된 알뿌리다. 고대 이집트 파라오였던 투탕카멘의 무덤에서 거의 1,500년 된 마늘 알뿌리가 발견된 바 있고, 성경과 코란을 비롯해 고대 이집트, 그리스, 인도, 중국의 문헌에도 마늘이 나온다.

오랫동안 인류가 먹어 온 또 하나의 알뿌리 식물은 크로커스다. 하지만 먹는 부위는 알뿌리가 아니라 암술머리다. 이 주홍색 암술머리는 요리에 향과 색을 내는 향신료와, 의류를 염색하는 염료로 쓰이는 값비싼 원료이며, 사프란으로 더 잘 알려져 있다. 사프란은 무게로 따지면 세계에서 가장 비싸게 거래되는 식품이다. 옛 사람들도 그 가치를 잘 알았다. 크레타의 미노스인은 기원전 1550년경에 사프란을 재배하고 거래했다.

좀 더 흔하지만, 수선화와 튤립도 나름대로 가치가 있는 식물이다. 튤립은 특히 달갑지 않은 명성을 지닌다. 1630년대 네덜란드에서 세계 최초의 금융 붕괴를 일으킨 원인이었기 때문이다. 당시 튤립 알뿌리 하나의 가격이 황소 4마리, 돼지 8마리, 양 12마리, 치즈 450킬로그램과 맞먹었다고 한다.

그림 설명

1: 사프란
학명: *Crocus sativus*
키: 7~15cm a) 발달 중인 씨가 들어 있는 삭과 종단면 b) 수술대와 꽃밥으로 이루어진 수술 c) 암술머리 d) 식물 전체

2: 마늘
학명: *Allium sativum*
키: 30~45cm
a) 줄기와 눈 b) 꽃 c) 알뿌리 단면 d) 알뿌리와 줄기

3: 튤립
학명: *Tulipa*
키: 15~75cm

4: 양파
학명: *Allium cepa*
키: 75cm~1.8m
a) 알뿌리 b) 알뿌리 종단면

풀

지하부를 먹는 식물

식물은 춥고 건조한 계절에 땅속에서 다양한 방식을 써서 생명을 유지한다. 뿌리채소, 뿌리줄기, 덩이줄기가 바로 그 예이다. 식물이 다음번 생장기에 다시 자라는 데 필요한 녹말, 단백질, 양분을 지하부에 저장하는 방식이다. 세계에서 네 번째로 중요한 식량 자원인 감자를 비롯하여, 식물 지하부(땅속에 묻힌 부분)의 저장 기관은 많은 식량을 제공한다. 감자는 덩이줄기다.

당근, 순무, 루타바가(스웨덴순무), 파스닙, 비트, 검은살시피, 무 등 맛이 좋은 뿌리채소들이 있다. 이들은 땅속에서 뿌리가 부푼 것이며, 뿌리를 뻗으면서 온갖 모양으로 자랄 수 있다. 잎은 곧게 내린 원뿌리의 꼭대기에서 직접 자라난다. 이런 식물의 지상부에는 줄기가 거의 없거나 전혀 없이 잎만 있다.

뿌리채소와 대조적으로, 뿌리줄기와 덩이줄기는 지상부 줄기에 잎이 달리는 식물에서 자라난다. 감자 식물은 갈라지는 줄기에 잎이 달리는 녹색 식물로서, 작고 하얀 꽃이 핀다. 뿌리줄기와 덩이줄기를 내는 식물은 평범한 뿌리도 뻗는다. 뿌리줄기는 울퉁불퉁한 생강처럼 별난 모양을 하기도 하는데, 사실은 흙속으로 수직으로 뻗는 뿌리들이 서로 합쳐진 것이다. 뿌리줄기(rhizome)의 영어 단어는 '뿌리 덩어리'를 뜻하는 고대 그리스어에서 유래했다.

감자, 고구마, 당근, 오카, 참마, 순무는 알뿌리다. 알뿌리는 땅속에서 자라는 짧고 굵고 둥근 알줄기나 뿌리를 말하며, 대개 식물의 원줄기에서 갈라져 나온 것이다. 알뿌리에는 새 식물이 자라는 데 꼭 필요한 부위들이 다 들어 있다. 부엌 구석에 감자를 오래 놓아두면 싹이 튼다.

언급할 가치가 있는 또 하나의 '지하부' 범주가 있다. 바로 땅콩이다. 땅콩은 사실 견과가 아니다. 땅콩은 한 콩과 식물의 씨다. 땅콩의 꽃은 땅 바로 위쪽 줄기에 핀다. 수정이 이루어지면, 씨방의 밑동에서 짧은 줄기가 뻗으면서 씨를 땅속으로 밀어 넣는다. 씨는 땅속에서 땅콩 꼬투리로 발달한다.

그림 설명

1: 감자
학명: *Solanum tuberosum*
키: 최대 1m

2: 자주색참마
학명: *Dioscorea alata*
알뿌리 지름: 약 6cm
알뿌리 횡단면
동남아시아나 태평양 연안에서 기르기 시작했지만, 지금은 많은 열대 국가에서 먹는다.

3: 근대(비트)
학명: *Beta vulgaris*
키: 꽃이 필 때 최대 2m
뿌리 지름: 약 10cm
뿌리 횡단면

4: 오카
학명: *Oxalis tuberosa*
알뿌리 길이: 최대 8cm
알뿌리
오카는 남아메리카 안데스산맥에서 기원한 작물이다.

5: 무
학명: *Raphanus sativus*
뿌리 길이: 2cm~1m
무는 고대 로마 시대 이전에 유럽에서 기르기 시작한 뿌리채소다.

6: 당근
학명: *Daucus carota*
뿌리 길이: 14~25cm

7: 검은살시피
학명: *Scorzonera hispanica*
뿌리 길이: 20cm~1m

8: 순무
학명: *Brassica rapa*
뿌리 지름: 5~20cm
뿌리

9: 땅콩
학명: *Arachis hypogaea*
키: 최대 70cm
'꼬투리' 길이: 3~7cm

10: 생강
학명: *Zingiber officinale*
키: 최대 1.2m
생강의 향긋한 뿌리줄기는 식품과 약재로 쓴다. 아시아에서 많이 재배한다.

풀

덩굴 식물

줄기가 자기 몸무게를 거의 지탱할 수 없는 풀도 있다. 이런 식물은 대신에 주변에 있는 것들을 이용하여 몸을 지탱한다. 다른 식물(대개 나무), 바위, 건물도 버팀대로 이용한다. 이런 식물은 자기 몸을 늘어뜨려서 지탱해 줄 구조를 만나면 감고 올라가면서 해를 향해 잎을 펼친다. 이때 식물이 뻗는 줄기를 덩굴이라고 부른다.

덩굴 식물의 줄기는 아주 유연하여, 지지 구조물의 모양에 따라 어떤 방향으로든 자랄 수 있도록 비틀리고 굽으면서 뻗어 나간다. 덩굴 식물은 이런 구조물에 달라붙을 수 있는 특수한 특징들을 갖추는 쪽으로 진화했다.

덩굴손이 바로 대표적인 예이다. 덩굴손은 싹이나 잎, 심지어는 꽃이 변한 것으로, 기어오를 만한 곳을 찾아서 감고 올라갈 수 있다. 덩굴손은 때로 잘 감긴 스프링처럼 자라며, 매일 시계 방향 또는 반시계 방향으로 한 바퀴(360°)씩 뻗어 나간다. 이런 식으로 자라면서 새로운 버팀대를 찾을 가능성을 높인다.

막뿌리를 이용하는 덩굴 식물도 있다. 막뿌리는 줄기에서 뻗어 나와 다른 식물이나 표면에 달라붙을 수 있도록 특수하게 적응한 뿌리다. 많은 덩굴 식물은 가까운 구조물에 달라붙을 수 있는 가시나 갈고리도 지닌다. 적당한 지지 구조물을 찾지 못하면, 덩굴 식물은 땅 위를 기어간다.

그림 설명

1: 백향과(패션프루트)
학명: *Passiflora edulis*
키: 2~2.5m
덩굴에 달린 눈, 열매, 꽃
빨리 자라는 덩굴 식물로서, 장엄한 커다란 꽃(지름 최대 10센티미터)이 핀다. 꽃은 자주색과 흰색이 섞였고, 노란 꽃밥 4개와 끈끈한 노란 암술머리가 솟아 있다. 열매는 호박이나 오이와 비슷하게 생겼다. 두꺼운 가죽질 껍질 속에는 즙이 많고 향미가 좋은 과육에 감싸인 씨가 많이 들어 있다. 과육은 헛씨껍질로서, 각각의 씨를 양말처럼 감싸고 있다.

2: 홉
학명: *Humulus lupulus*
키: 최대 6m
덩굴에 달린 열매
홉은 아마도 꽃으로 가장 잘 알려져 있을 것이다. (그런데 홉의 꽃은 생김새 때문에 구과라고 불리기도 한다.) 이 꽃은 맥주의 맛을 내는 주성분이다. 홉은 9세기부터 맥주 제조에 쓰였다고 알려져 있다.

3: 완두
학명: *Pisum sativum*
키: 3m
씨가 든 꼬투리
완두는 콩과 식물 중 가장 영양가가 풍부한 축에 속한다. 주로 식용으로 쓸 씨(완두콩)를 얻기 위해 재배한다. 완두콩에는 단백질, 비타민, 무기물이 풍부하다. 비옥한 초승달 지역(오늘날의 이스라엘과 요르단 및 티그리스 강과 유프라테스 강 주위의 지역)에서 나온 고고학적 증거로 볼 때, 인류는 기원전 약 8000년부터 완두를 재배한 듯하다. 꼬투리에 든 완두콩은 열매의 씨다. 각 씨는 씨껍질 안에 크고 두꺼운 떡잎 두 개가 들어 있는 모습이다. 그래서 완두콩 한 알을 쪼개면 땅콩처럼 두 쪽으로 갈라진다. 완두콩이든 땅콩이든 이때 쪼개져 나온 반쪽이 떡잎 하나다.

4: 호박
학명: *Cucurbita pepo*
키: 70cm
호박은 재배한 지 가장 오래된 작물 중 하나다. 멕시코 북부의 고고학 유적지에서 기원전 7000~5500년 무렵의 호박 조각이 발견되었으며, 미국 남서부에서는 610년경의 호박 잔해가 발견되기도 했다. 15세기에 유럽인이 이주해 오기 전까지 콩, 옥수수와 함께 아메리카 원주민의 주식이었으며, 지금도 아메리카에서 재배되는 주요 작물이다.

5: 수세미외
학명: *Luffa aegyptiaca*
열매 길이: 최대 61cm
덩굴에 달린 열매, 잎, 덩굴손
오이와 같은 박과 식물에 속한다. 열매는 중국과 베트남에서 별미로 인기가 있지만, 서유럽과 미국에서는 전혀 다른 용도로 목욕할 때 때를 미는 도구로 잘 알려져 있다. 열매가 익으면 섬유질이 많아진다. 과육을 제거하고 나면, 문질러 닦기에 아주 좋은 스펀지가 된다. 한국에서는 설거지할 때 쓰기도 했다.

6: 기생녹나무
학명: *Cassytha ciliolata*
길이: 덩굴은 높이 5m까지 나무를 타고 기어 올라가서 줄기를 무성하게 펼칠 수 있다.
a) 덩굴과 열매 b) 열매의 수직 단면
기생성 덩굴(86~87쪽 참조)이다. 다른 식물을 버팀대로 삼을 뿐 아니라, 양분 공급원으로 삼는다는 뜻이다. 지름이 1센티미터쯤 되는 붉은 열매를 맺는다. 과육이 발달한 열매는 새가 먹으며, 때로 사람도 먹는다.

풀

환경:
고산 식물

고산 식물은 꼭 높은 산에서만 자라는 것이 아니다. 조건이 맞으면 세계 어디에서든 살 수 있다. 그 조건에는 한 번에 몇 달씩 기온이 영하로 유지되곤 하는 아주 낮은 온도(눈이 담요처럼 땅을 뒤덮을 정도), 건조함, 높은 자외선량, 아주 짧은 생장 가능 기간(보통 1년 중 3개월 이내)이 포함된다. 이런 환경에서 살아가는 고산 식물은 세 가지 큰 도전 과제에 직면한다.

첫째, 고산 식물이 자라는 고지대는 대개 흙이 거의 없고, 돌과 바위투성이다. 뿌리를 내릴 토양이 부족한 환경에서 식물은 자리를 잡을 방법을 찾아야 한다. 유럽뱀무는 돌 부스러기 위를 길게 뻗어가면서 흩어진 흙들을 꽉 붙들어 고정시킨다. 식물이 고지대에 정착하는 또 한 가지 방법은 자주범의귀처럼 바위 틈새에 빽빽하게 모여 방석처럼 자라는 것이다. 이렇게 만들어진 방석은 뿌리를 보호하며, 추위도 막아 준다.

두 번째 과제는 혹독한 기후다. 얼었다 녹았다 하는 일이 자주 벌어지기 때문에 더욱 그렇다. 어린 식물에게는 더욱 혹독하므로, 싹을 틔우기 위해 특수한 전략이 필요하다. 모체 발아라는 과정이 한 예다. 씨가 아직 모체인 식물에 붙어 있는 상태에서 싹이 트는 것이다. 이렇게 되면 각 세대는 다음 세대가 성숙할 때까지 보호할 수 있다. 그래서 뭉쳐나는 듯한 모습이 된다. 두메포아풀 같은 고산성 풀들이 대개 이런 식으로 자란다. 식물이 추위를 막는 또 한 가지 방법은 지하부만 계속 보존하고 있으면서, 지상부는 날씨가 좋을 때에만 내미는 것이다. 고산 양치류인 두메고사리삼이 이런 방법을 쓰는 대표적인 식물이다.

고산 식물의 세 번째 도전 과제는 생장 가능 기간이 짧고, 꽃가루 매개자가 적다는 점이다. 그래서 이에 대처하기 위해 일찍 꽃을 피우고, 꽃을 크게 만들고, 자가 수분(식물이 스스로 가루받이하는 것)을 하는 등의 전략이 발달했다. 솔다넬라는 겨울이 지난 뒤 맨 처음으로 꽃을 피우는 종에 속한다. 그래서 경쟁할 필요 없이 가장 먼저 나타나는 꽃가루 매개자를 꾈 수 있다. 반면에 짧은용담은 커다란 꽃을 만드는 데 에너지를 투자한다. 큰 꽃을 피워 뒤영벌(몸집이 커서 추운 곳에서도 잘 견디는 벌)을 끌어들인다. 다른 고산 식물들은 자가 수분을 한다. 긴꽃앵초는 박각시나방이 꽃가루를 옮겨 주지만, 나방이 적어서 가루받이가 잘 안 될 때는 자가 수분을 할 수 있다.

그림 설명

1: 두메포아풀
학명: *Poa alpina*
키: 15cm

2: 유럽뱀무
학명: *Geum reptans*
키: 10cm

3: 솔다넬라
학명: *Soldanella alpina*
키: 10cm

4: 긴꽃앵초
학명: *Primula halleri*
키: 20cm

5: 두메고사리삼
학명: *Botrychium lunaria*
키: 10cm

6: 자주범의귀
학명: *Saxifraga oppositifolia*
키: 4cm

7: 짧은용담
학명: *Gentiana acaulis*
키: 10cm

식물 박물관

5 전시실

벼과 식물, 부들, 사초, 골풀

벼과 식물

작물

부들, 사초, 골풀

벼과 식물, 부들, 사초, 골풀

벼과 식물

벼과 식물은 10,000종이 넘으며, 인류에게 가장 중요한 몇몇 식물들도 들어 있다. 그중 세 가지인 옥수수, 밀, 벼(66~67쪽 참조)에서 얻는 곡물은 세계 식량의 50퍼센트 이상을 차지한다. 벼과 식물은 열대에서 추운 극지방에 이르기까지 거의 전 세계에 퍼져 있다. 남극 대륙에 사는 꽃식물은 두 종뿐인데, 그중 하나가 벼과 식물(남극좀새풀, 학명: *Deschampsia antarctica*)이다. 벼과 식물은 세계 지표면의 25퍼센트 이상을 뒤덮고 있다고 추정된다. 벼과가 가장 최근에 진화한 식물 집단에 속한다는 점을 생각하면 놀라운 사실이다. 화석 기록상 벼과 식물은 약 6,000만 년 전에 처음 나온다. 말을 비롯해 발굽이 있는 여러 포유동물이 처음 출현한 시기다.

벼과 식물은 대부분 풀이고, 좁고 긴 잎과 마디가 있는 속이 빈 줄기를 갖고 있다. 대나무처럼 아주 높이 자라거나, 땅에 거의 붙어 자라는 것도 있다. 많은 벼과 식물은 땅속줄기 중에서도 뿌리줄기로 분류되는 땅속줄기를 수평으로 뻗으면서 자란다. 땅 위로 뻗는 줄기는 기는줄기다. 기는줄기나 뿌리줄기에서 새로운 싹이 돋을 수도 있다. 다른 많은 식물과 달리, 생장점이 풀의 끝이 아니라 밑동이나 땅속에 있다. 즉 뜯기거나 불에 타거나, 공원이나 경기장에서처럼 심하게 짓밟혀도 생장점이 다치지 않은 채 견딜 수 있다는 뜻이다. 또한 많은 벼과 식물은 드넓게 펼친 뿌리에 많은 양분을 저장하고 있기 때문에, 가뭄에도 살아남을 수 있다.

그림 설명

1: 마추대나무
학명: *Dendrocalamus latiflorus*
a) 꽃 b) 잎 c) 줄기
키: 14~25m
이 거대한 대나무 종은 중국과 동아시아 전역에서 자란다. 열대와 아열대 환경에서 울창한 숲을 이룬다. 속이 빈 가벼운 줄기는 건축재로 쓰거나 수도관, 가구, 심지어 악기를 만드는 데까지 다양한 용도로 쓰인다. 판다 한 마리가 매일 먹는 대나무 양은 12~38킬로그램에 이른다.

2: 분홍쥐꼬리새
학명: *Muhlenbergia capillaris*
키와 줄기가 뻗는 길이: 60~90cm
줄기에 달린 꽃
미국의 매사추세츠에서 남부의 플로리다와 텍사스에 이르는 모든 초원에 퍼져 있다.

3: 푸른그라마풀
학명: *Chondrosum gracile*
키: 15~50cm
줄기에 달린 꽃
꽃대 하나에 여러 꽃이 이삭처럼 피는 독특한 모양의 수상 꽃차례 때문에 모기풀이라고도 불린다. 꽃대에서 꽃들이 한쪽으로 죽 늘어선 모습이 마치 장구벌레처럼 보인다. 미국 서부의 초원과 바위가 많은 숲에 자란다.

4: 자주진퍼리새
학명: *Molinia caerulea*
키: 30cm~1m
줄기 지름: 2~3mm
줄기 단면

5: 왕김의털
학명: *Festuca rubra*
키: 2~20cm
a) 줄기를 감싼 잎집(아래쪽)과 잎(위쪽)의 연결 부위 b) 줄기
이 풀은 서반구의 정원, 잔디밭, 공원, 경기장에서 자란다. 뿌리줄기로 땅속에서 옆으로 길게 뻗으면서 퍼진다. 그 길이가 250미터에 달하고, 400년 이상 된 것도 있다.

6: 우산잔디
학명: *Cynodon dactylon*
키: 최대 25cm
줄기 끝에 달린 씨
모든 풀이 이로운 것은 아니다. 이 종은 전 세계의 농업과 환경에 가장 해로운 잡초 중 하나로 꼽힌다. 아프리카 원산이며, 아주 빨리 자란다. 새로운 지역에 침입하면 급속하게 퍼지면서 빽빽하게 땅을 뒤덮어서 다른 식물이 아예 자라지 못하게 만든다.

7: 사탕수수
학명: *Saccharum officinarum*
키: 3~6m
a) 줄기 b) 꽃
뉴기니가 원산지로 추정된다. 크리스토퍼 콜럼버스가 1493~1496년 두 번째 탐험 때 아메리카에서 유럽으로 들여왔다. 사탕수수는 전 세계 설탕의 약 70퍼센트를 공급하며, 주로 열대에서 자라지만 일부 아열대 지역에서도 자란다. 인도와 브라질에서 세계 사탕수수 설탕의 약 절반을 생산한다.

벼과 식물, 부들, 사초, 골풀

작물

세계 식량의 절반 이상은 단 세 가지 작물의 씨에서 나온다. 옥수수, 밀, 벼의 낟알이다. 모두 벼과 식물이다. 옥수수는 부피로 따지면 세계에서 가장 많이 생산되는 작물이다. 연간 10억 톤 넘게 생산된다. 인류의 주식이기도 하지만, 바이오 연료와 가축 사료로 더 많이 쓰인다. 약 9,000년 전 멕시코 테우아칸 골짜기에서 재배되기 시작했다. 이 초기 작물은 작은 덤불 같았고, 테오신테라는 아종(종보다 작은 단위)이었다. 시간이 흐르면서 중앙아메리카와 남아메리카에서도 옥수수가 재배되었다. 아스테카인들은 옥수수를 아주 중요시하여 센테오틀이라는 옥수수 신까지 섬겼다. 1,000~500년 전 무렵에 옥수수는 현재의 미국 남부와 동부에까지 퍼졌다. 그리고 15세기 말, 탐험가들이 옥수수를 유럽에 들여왔다.

밀은 약 10,000년 전 지중해 동쪽에서 처음 재배되었다. 현생 밀은 계획적인 교배와 행운이 겹쳐서 나온 산물이다. 식용으로 재배한 최초의 밀은 외알밀(학명: *Triticum monococcum*)과 에머밀(학명: *Triticum dicoccon*)이었다. 에머밀은 두 종이 자연적으로 합쳐진 잡종이다. 에머밀을 염소풀과 교배하여, 농민들은 단백질 함량이 높고 수확량도 좋은 품종을 만들어 냈다. 이것이 바로 현생 밀이다.

벼(학명: *Oryza sativa*)는 동남아시아에서 기원한 듯하다. 동남아시아에는 야생 조상인 야생벼(학명: *Oryza rufipogon*)가 지금도 자란다. 중국 남부에서 기원전 약 6000년에 벼를 재배한 흔적이 발견되었다. 벼과에는 호밀, 기장, 귀리 등 낟알을 먹을 수 있는 종들이 더 있다.

그림 설명

1: 테오신테
학명: *Zea mays* ssp. *parviglumis*
키: 50cm~1m
옥수수의 야생종으로 여겨진다. 옥수수 속대가 없다.

2: 옥수수
학명: *Zea mays*
키: 3~12m
옥수수의 키 큰 줄기는 암수 생식 기관을 다 지닌다. 수 생식 기관은 줄기 끝에 옥수수수염 형태로 달린다. 암 생식 기관은 줄기 중간쯤에 달리며, 흔히 겉껍질이라고 부르는 몇 겹의 잎으로 감싸여 있다. 수정이 이루어지면, 암 생식 기관은 우리가 먹는 부분인 옥수수(길이 15~25센티미터)로 발달한다. 옥수수에는 열매, 즉 낟알이 약 600개 들어 있다.

3: 염소풀
학명: *Aegilops tauschii*
키: 30cm
이 풀의 꽃은 작고 화영과 내화영이라는 녹색의 변형된 잎 안에 숨겨져 있다. 화영 끝에는 길이 1~4센티미터의 꺼끄러기가 붙어 있다. 꺼끄러기는 표면이 껄끄러워서 지나가는 동물의 몸에 붙어서 낟알을 퍼뜨릴 수 있다.

4: 에머밀
학명: *Triticum dicoccon*
키: 최대 1.5m
학명의 디코콘(dicoccon)은 각각의 작은 이삭 안에 낟알이 2개 달린다는 뜻이다. 자라나는 낟알을 보호하는 변형된 잎과 작은 이삭들이 촘촘하게 모여 있다.

5: 밀
학명: *Triticum aestivum*
키: 65cm~1m
작은 이삭에 낟알이 2~4개 달리므로, 에머밀보다 생산성이 더 높다. 꺼끄러기가 달린 품종도 있고, 없는 품종도 있다.

6: 벼
학명: *Oryza sativa*
키: 최대 5m
벼는 낟알을 만들며, 낟알의 속껍질 안쪽 부분이 수많은 사람의 주식이 된다. 물속에 뿌리를 내리고 자란다.

7: 귀리
학명: *Avena sativa*
키: 40cm~1.8m
화영이라는 변형된 잎에 둘러싸인 꽃들이 모여 달린다. 작은 이삭의 길이가 2.2~2.7 센티미터로 좀 더 큰 편이어서 벼과의 다른 종들보다 알아보기가 쉽다.

8: 진주수크령
학명: *Pennisetum glaucum*
키: 1.5~3m
인도와 아프리카의 가뭄이 드는 지역에서 많이 재배된다..

벼과 식물, 부들, 사초, 골풀

부들, 사초, 골풀

전 세계의 연못과 습지에서 물가에 자라는 독특한 식물 집단들이 있다. 부들, 사초, 골풀 종류다. 이들은 키가 크고, 커다란 벼과 식물과 좀 비슷하게 생겼다. 하지만 이 우아한 연못 주민들은 벼과 식물이 아니며, 벼과 식물의 가까운 친척도 아니다.

부들은 부들과에 속한다. 줄기 끝 가까이에 길이 약 30센티미터, 폭 4센티미터에 달하는 소시지 같은 구조물이 달리는 것이 특징이다. 이 구조물은 사실 작은 꽃 수백 개가 촘촘히 달린 꽃차례다. 그 위쪽에 수 생식기관인 꽃가루를 지닌 수상 꽃차례가 하나 달린다. 씨가 익으면, 위쪽은 솜털 보풀처럼 변해서 씨가 바람에 흩날리도록 돕는다.

사초는 사초과에 속한다. 사초과와 벼과를 구분하는 중요한 차이점은 줄기다. 벼과 식물의 줄기는 속이 빈 긴 원통 모양(64~65쪽 참조)이다. 반면에 사초과 식물은 줄기의 단면이 삼각형이고, 속에 끈적거리는 물질이 들어차 있다.

인류는 수천 년 동안 사초를 식량, 연료, 종이 제조에 써 왔다. 몇몇 종은 먹을 수 있는 덩이줄기를 만든다. 맛있는 남방개(학명: *Eleocharis dulcis*)가 대표적이다. 하지만 사초과 중 가장 유명한 식물은 아마 파피루스(학명: *Cyperus papyrus*)일 것이다. 고대 이집트인들은 이 식물로 종이와 배의 단단하면서 유연한 선체를 만들었다.

골풀은 골풀과에 속한다. 비늘처럼 생긴 특이한 꽃이 핀다. 골풀의 꽃은 꽃잎 3장과 꽃받침(꽃눈을 보호하는 잎처럼 생긴 구조) 3장이 엇갈려서 대칭적으로 배열되어 있다. 꽃잎과 꽃받침을 뭉뚱그려서 꽃덮개라고 부르기도 한다. 자연에서 아주 드물게 꽃이 갈색을 띤다. 긴 원통형 줄기처럼 생긴 털이 없는 잎이 달리며, 줄기도 속이 빈 원통형이다.

그림 설명

1: 큰부들
학명: *Typha latifolia*
키: 최대 2.5m
a) 꽃 머리 b) 줄기 단면
부들은 오염에 잘 견디고 오염 물질을 흡수해 제거하기 때문에, 세계 곳곳에서 물을 정화하는 데 쓰여 왔다.

2: 파피루스
학명: *Cyperus papyrus*
키: 최대 5m
a) 잎과 꽃 b) 줄기 단면
빨리 자라는 사초과 식물로 아프리카 원산이지만, 세계 곳곳에서 널리 재배되고 있다. 줄기의 고갱이로 만든 일종의 종이인 파피루스는 기원전 4000년경에 이집트에서 처음 제조되었다. 파피루스를 만들려면, 줄기의 껍질을 제거한 뒤, 고갱이를 띠로 자른다. 이 띠를 단단한 표면 위에 나란히 늘어놓은 뒤, 그 위로 다른 띠를 직각으로 겹쳐 놓는다. 두 겹의 파피루스 띠 위에, 무거운 돌을 올려놓아서 편평하게 누른 채로 한 장이 될 때까지 말린다. 마르면 꺼내서 종이처럼 매끄럽게 다듬는다.

3: 황야골풀
학명: *Juncus squarrosus*
키: 최대 50cm
a) 갈라진 암술머리(위쪽), 암술대와 씨방(아래쪽) b) 꽃 c) 줄기와 꽃
축축한 이탄이나 토탄이 많은 늪지나 황야에서 자란다.

식물 박물관

6 전시실

난초와
브로멜리아

난초
앙그라이쿰 세스퀴페달레
브로멜리아

난초와 브로멜리아

난초

난초의 통계 자료를 보면 몇 가지 놀라운 점이 드러난다. 난초는 약 2만 8,000종이 있다. 그래서 난초과는 초본 꽃식물 중에서 가장 규모가 크다. 대개 각 난초 종은 자기 환경에 아주 고도로 적응해 있고, 그 지역에서만 산다. 난초과 식물은 우림의 어두컴컴한 바닥에서 열대 나무의 꼭대기에 이르기까지, 세계 전역의 다양한 서식지에 퍼져 있다.

난초의 절반 이상은 착생 식물이다. 다른 식물을 버팀대로 삼아서 높은 나뭇가지에 올라탄 채 뿌리를 공기 중에 내놓기 때문에, '공중 식물'이라고 불리곤 한다. 뿌리는 공중에 떠도는 안개, 습기, 먼지, 찌꺼기로부터 필요한 물과 양분을 흡수하며, 먼지 같은 것을 버팀대로 삼은 나무 위쪽에 모아 두는 일도 한다. 바닥에서 자라는 난초 중에는 늪처럼 험한 환경에 적응한 종류도 있다.

난초는 식물 세계의 영화배우라 할 수 있다. 기이하면서 다양한 모양의 꽃을 통해 고도로 분화한 갖가지 가루받이 방식을 보여 준다. 자신의 꽃가루를 옮기는 곤충을 흉내 낸 꽃도 많다. 꽃가루 매개자를 꾀기 위해 절묘한 전략을 쓰는 것이다. 곤충은 꽃을 자신의 짝짓기 상대로 착각해 꽃에 내려앉게 된다. 벌난초가 대표적인 예이다.

더 직접적인 방법을 쓰는 난초들도 있다. 카타세툼 핌브리아툼 같은 난초는 꽃가루 매개자를 향해 꽃가루를 발사한다. 귀뚜라미와 벌새를 이용해 꽃가루를 옮기는 난초도 있다.

난초는 모양, 색깔, 향기 덕분에 수세기 전부터 온실과 화분에 즐겨 심었다. 1800년대에 식물 사냥꾼들이 가장 희귀한 난초 종들을 마구 캐내어 거의 멸종으로 내몰았다. 지금은 옮겨 심는 대신에 대부분은 씨를 통해 난초를 기른다. 하지만 야생 난초는 각 종의 개체수가 적기 때문에 여전히 멸종 위험에 처해 있다.

그림 설명

1: 카틀레야 아클란디아이
학명: *Cattleya aclandiae*
키: 20~25cm
꽃
브라질 바이아주가 원산지이다. 달콤한 냄새를 풍겨 꽃꿀을 찾는 커다란 벌들을 꾄다. 실제로는 꽃꿀을 만들지 않으면서 벌을 속이는 것이다.

2: 카타세툼 핌브리아툼
학명: *Catasetum fimbriatum*
키: 61~76cm
줄기에 달린 꽃
이 난초 종은 벌에게 꽃가루를 쏜다. 입술꽃잎 가까이에 있는 작은 털 두 개가 방아쇠다. 벌이 다가와 털을 건드리면 꽃가루가 발사된다.

3: 바닐라 폼포나
학명: *Vanilla pompona*
키: 최대 15.5m
꽃, 눈, 잎
사람은 난초를 먹기도 한다. 바닐라 향을 내는 바닐라콩은 바닐라 꼬투리에서 얻는데, 이 난초의 덜 익은 열매를 가공한 것이다. 세계에서 생산되는 바닐라의 최대 75퍼센트는 마다가스카르, 코모로, 레위니옹에서 재배하는 바닐라 플라니폴리아(학명: *Vanilla planifolia*)에서 나온다. 이 종의 원산지는 사실 멕시코다.

4: 우산난
학명: *Trichosalpinx rotundata*
키: 5~8cm
잎과 꽃
중앙아메리카 원산인 난초이며, 작은 꽃이 둥근 잎 아래쪽에서 핀다. 둥근 잎이 우산이 되어 꽃의 가루받이를 하는 파리를 잦은 비로부터 지킨다.

5: 벌난초
학명: *Ophrys apifera*
키: 25~38cm
줄기에 달린 꽃
꽃에 암벌처럼 털이 나 있고, 갈색과 노란색의 띠무늬가 있다. 수벌은 곧잘 속아 넘어가서 이 꽃과 짝짓기를 시도한다. 그런 뒤 꽃가루를 머리에 묻힌 수벌은 다른 꽃으로 가서 다시 행운을 시험한다. 이런 식으로 곤충을 이용하는 가루받이 전략을 의사 교접이라고 한다.

6: 파피오페딜룸 로스킬디아눔
학명: *Paphiopedilum rothschildianum*
키: 51~76cm (꽃의 키의 2배)
보르네오섬 키나발루산의 낮은 비탈에서만 자란다.

7: 드라쿨라난
학명: *Dracula vampira*
키: 20~30cm
꽃
이 무시무시하게 생긴 에콰도르 원산의 난초는 버섯을 먹는 작은 각다귀를 통해 꽃가루를 옮긴다. 꽃이 버섯 냄새를 흉내 낸 냄새를 풍기면, 먹이를 찾으러 다니는 각다귀가 속아서 꽃으로 다가온다.

8: 마스데발리아 스툼프플레이
학명: *Masdevallia stumpflei*
키: 10~17cm (꽃의 키의 2배)
꽃
페루 원산으로 여겨진다. 1979년에야 독일의 한 온실에서 자라는 것이 발견되었다. 야생에서는 발견된 적이 없다.

난초와 브로멜리아

앙그라이쿰 세스퀴페달레

이 아름다운 하얀 난초는 마다가스카르가 원산지다. 키 1미터까지 자라며, 나무줄기에 자라는 착생 식물이다. 길이 약 30센티미터의 좁은 가죽질 잎과 길이 약 7~9센티미터의 꽃잎이 달린 커다란 하얀 꽃이 핀다. 꽃 뒤쪽으로 길게 뻗은 통 모양의 꿀주머니에 꿀을 담아 둔다. 꿀주머니의 길이가 30센티미터에 달해서, 혀가 아주 긴 꽃가루 매개자만이 꿀을 얻을 수 있다.

이 수수께끼 같은 아름다움에는 흥미로운 역사가 담겨 있다. 이 꽃은 어떤 프랑스 탐험가가 마다가스카르에서 발견하여 1802년 파리의 식물원에 들여왔다. 나중에 몇 그루가 영국의 큐 왕립 식물원으로 전해졌다. 왕립 식물원장이었던 조지프 후커는 멋진 온실에 이 새 난초를 자랑스럽게 전시했고, 1862년에는 몇 그루를 오늘날 진화론으로 유명한 자연사학자 찰스 다윈에게 보냈다. 다윈은 흥미를 느꼈고, 친구인 후커에게 다음과 같은 편지를 썼다. "방금 길이가 약 30센티미터나 되는 기다란 꿀주머니를 지닌 놀라운 앙그라이쿰 세스퀴페달레가 든 상자를 받았습니다. 대체 어떤 곤충이 이 꿀을 빨 수 있을까요?" 다윈은 혀 길이가 거의 30센티미터인 미지의 곤충 종이 있는 것이 틀림없다고 생각했다. 하지만 사람들은, 정중하게 표현하자면, 다윈이 상상력이 좀 풍부하다고 생각했다. 다윈이 그런 평가를 받은 것이 처음도 아니었다. 40여 년이 지난 1903년, 그가 옳았음이 증명되었다. 이 난초의 꿀주머니에 닿을 만치 긴 혀를 지닌 새로운 박각시나방 종(다윈박각시)이 발견된 것이다. 끈기 있게 관찰한 끝에, 다윈박각시가 앙그라이쿰 세스퀴페달레의 꿀을 빠는 광경을 야생에서 관찰하는 데 성공했다!

그림 설명

1: **앙그라이쿰 세스퀴페달레**
학명: *Angraecum sesquipedale*
키: 최대 1m
꿀주머니 길이: 최대 30cm
꽃이 별 모양이어서 '크리스마스의 별'과 같은 별명으로 불리기도 한다.

2: **다윈박각시**
학명: *Xanthopan morganii ssp. praedicta*
난초 앙그라이쿰 세퀴페달레의 가루받이를 하는 박각시나방의 일종이다. 혀 길이가 난초의 꿀주머니 길이와 비슷하다.

난초와 브로멜리아

브로멜리아

브로멜리아과는 거의 북아메리카와 남아메리카에만 산다. 아메리카 바깥에서 자란다고 알려진 야생종은 피트카이르니아 펠리키아나(학명: *Pitcairnia feliciana*), 단 하나뿐이다. 이 종은 서아프리카에 산다. 그 밖에 약 3,000종에 달하는 브로멜리아가 열대의 우림에서 건조 지대에 이르기까지, 산속 운무림에서 사막에 이르기까지, 아메리카의 거의 모든 환경에서 살고 있다. 놀랍게도 모든 브로멜리아는 6,000~3,000만 년 전에 동시에 진화한 듯하다.

브로멜리아는 대개 민들레처럼 잎들이 줄기 없이 땅 위로 바로 나오는 로제트 형태로 자란다. 독특하면서 눈에 띄는 특징이다. 물통브로멜리아(*tank bromeliad*)라는 종류는 빳빳한 잎들이 서로 겹쳐서 한가운데 빗물이 고이는데, 덕분에 건기에도 수분을 유지할 수 있다. 그렇게 고인 물에 청개구리, 달팽이, 편형동물, 작은 게, 도롱뇽, 조류, 곤충 유생이 모여 살면서, 잘 보호된 습한 생태계가 조성된다.

브로멜리아의 잎에는 대개 흰색, 크림색, 노란색, 자주색, 빨간색, 은색, 밤색, 검은색 등 갖가지 풍성한 색깔의 띠나 반점 같은 무늬가 나 있다. 브로멜리아는 화려한 잎만이 아니라, 아주 예쁜 선명한 색깔의 꽃도 지닌다. 꽃은 대개 수상 꽃차례를 이룬다. 수상 꽃차례가 로제트 잎 한가운데에서 거의 10미터까지 높이 솟아오르는 종류도 있다. 반대로 식물 키보다 더 낮게 축 늘어진 수상 꽃차례도 있다. 브로멜리아의 절반 이상은 나뭇가지 등 다른 식물에 붙어 자라는 착생 식물이다. 열대 나무의 한 가지에 브로멜리아 수백 개체가 붙어 자라기도 하며, 그런 나뭇가지는 그 무게에 눌려서 부러지기 쉽다. 한편 흙에 뿌리를 내리고 땅에서 자라는 종도 있다. 또 바위 위에서 자라는 종도 있다.

브로멜리아는 잉카, 아스테카, 마야 사람들에게 잘 알려져 있었다. 그들은 브로멜리아과 식물을 식량, 섬유, 제의용으로 썼다. 유럽에는 크리스토퍼 콜럼버스가 1496년 두 번째로 신대륙에 갔다가 돌아오는 길에 유달리 맛있는 종을 가져오면서 첫선을 보였다. 이 맛있는 종은 바로 파인애플이었다. 그로부터 반세기가 채 흐르기 전에, 파인애플은 유럽 부자들의 입맛을 사로잡았다. 하지만 그 뒤로도 오랫동안 파인애플은 부자들만 맛보는 별미로 남아 있었다. 따뜻하게 난방을 하는 온실에서 재배해야 했기 때문이다.

그림 설명

1: **붉은파인애플**
학명: *Ananas bracteatus*
키: 1.2m
열매

2: **파인애플**
학명: *Ananas comosus*
키: 1~2m
열매

브로멜리아과 식물 중에서 경제적 가치가 있는 유일한 종이다. 파인애플은 홑열매가 아니라, 여러 열매가 합쳐져서 하나의 커다란 과육을 이룬 것이다. 파인애플의 원산지인 열대 아메리카에서는 맥(따뻬르)이라는 동물이 야생 파인애플을 먹고서 씨를 퍼뜨린다. 재배종은 씨가 없도록 개량한 것이다.

3: **푸야 베르테로니아나**
학명: *Puya berteroniana*
키: 3m
꽃

4: **대왕브로멜리아**
학명: *Vriesea hieroglyphica*
키: 60cm
잎 길이: 최대 1m

식물 박물관

7 전시실

환경에
적응하는 식물

다육 식물과 선인장

수생 식물

큰가시연꽃

기생 식물

벌레잡이 식물

환경: 맹그로브 숲

환경에 적응하는 식물

다육 식물과 선인장

'다육 식물'이라는 말은 지구의 가장 건조한 환경에서 살아갈 수 있는 특징들을 갖춘 식물을 가리킨다. 가물 때에도 (물이 필요한) 광합성을 할 수 있도록, 수분을 흡수하여 머금고 있는 특수한 식물 조직도 이 특징 중 하나다. 또 다육 식물은 저장된 물의 무게를 지탱하기 위해 줄기가 질긴 껍질로 덮여 있곤 한다. 잎은 두껍고 가죽질이며, 강한 태양에 손상되거나 물이 증발되는 것을 막기 위해 왁스 같은 희끄무레한 물질로 덮여 있다. 뜨거운 태양뿐 아니라 기온이 영하로 떨어지는 밤의 추위로부터도 몸을 보호하기 위해서 긴 하얀 털로 온몸을 감싸고 있는 종도 있다.

가뭄에도 자라는 녹색식물이 다육 식물뿐인 지역도 있다. 그런 곳에서는 굶주린 초식 동물들이 몰려들기 마련이다. 그래서 다육 식물은 초식 동물들을 막을 몇 가지 전략들을 개발했다. 쓴맛을 내는 종류도 있고, 뾰족하고 날카로운 가시를 두른 것도 있다. 아마 가장 색다른 방어법은 위장일 것이다. 조약돌 같아 보이는 식물인 리톱스 후케리가 대표적이다. 평소에는 눈에 잘 띄지 않지만, 커다란 국화처럼 화려한 꽃을 피워 장관을 이룬다.

선인장도 위와 같이 건조한 환경에 적응한 형질 중 상당수를 지니지만, 잎 대신에 날카로운 가시가 달려 있다는 점이 다르다. 선인장의 가시는 사실 잎이 심하게 변형된 것이다. 이 말은 선인장은 오로지 줄기로 광합성을 한다는 뜻이다. 가시는 초식 동물을 물리치는 데 매우 효과적인 방어 수단일 뿐 아니라, 선인장 주변의 공기 흐름을 방해하여 수분 증발량도 줄인다.

그림 설명

1: 십이지권
학명: *Haworthias attenuata*
키: 최대 50cm
얼룩말처럼 흰색 줄무늬가 있는 독특한 삼각형 잎을 지닌다. 남아프리카 원산이다.

2: 수박선인장(영관옥)
학명: *Parodia magnifica*
키: 7~15cm
대개 여러 개체들이 같은 방향을 향하며 모여서 자라기 때문에, '나침반선인장'이라는 별명이 붙어 있다.

3: 을녀심
학명: *Sedum pachyphyllum*
키: 최대 25cm
줄기에 달린 잎
잎이 먹음직한 젤리빈처럼 생겼지만, 안타깝게도 먹지 못한다. 잎의 둥근 모양은 (그림 4의 녹영과 마찬가지로) 잎이 흡수하는 햇빛의 양을 줄여 준다. 멕시코 원산이다.

4: 녹영
학명: *Senecio rowleyanus*
늘어진 줄기 길이: 최대 90cm
덩굴에 달린 잎
이 다육 식물은 국화과에 속한다. 진주처럼 주렁주렁 달린 것은 덩굴의 잎이다. 남아프리카 사막에 자란다.

5: 엥겔만손바닥선인장
학명: *Opuntia engelmannii*
키: 3m
달콤한 열매가 열린다. 크고 납작한 덩어리는 줄기이고, 날카로운 가시가 변형된 잎이다. 가장 널리 분포한 선인장으로서, 남아메리카 전역과 캐나다까지도 퍼져 있다. 이 종과 같은 손바닥선인장과에 속하며, 제주도에서 자라는 종은 흔히 백년초라고 부른다.

6: 오채각
학명: *Euphorbia trigona*
키: 최대 2.7m
대극과 식물과 선인장은 모습이 매우 비슷하지만, 친척이 아니다. 이 식물은 중앙아프리카가 원산지인 대극과 식물이다. 짙은 녹색의 곧추선 줄기 옆면에 물결 같은 이랑이 나 있다. 가시는 길이가 약 5밀리미터이고, 이랑에서 볼록한 물마루에 해당하는 자리에 2개씩 쌍으로 난다. 두 가시 사이에서 작은 물방울 모양의 잎이 자란다.

7: 일출환
학명: *Ferocactus latispinus*
키: 최대 30cm
동그란 구 형태로 자라는 종으로 멕시코 원산이며, 가시 길이는 4~5센티미터다.

8: 리톱스 후케리
학명: *Lithops hookeri*
키: 최대 5cm
조약돌로 위장한 다육 식물이다. 일부가 땅에 묻힌 채로 자란다. 나미비아와 남아프리카 원산이다.

9: 라우이
학명: *Echeveria laui*
키: 최대 15cm
a) 돋아나는 잎 b) 식물 전체
광합성을 할 때 흡수하는 햇빛의 양을 조절하기 위해 푸르스름한 색깔을 띠고 있다. 다육 조직을 보호하는 가루 같은 왁스 층으로 표면이 덮여 있다. 멕시코 원산이다.

> 환경에 적응하는 식물

수생 식물

   수생 식물은 물이 많은 곳에서 사는 식물이란 뜻으로, 물속이나 늘 젖어 있는 흙에서 자란다. 여기에는 이전 전시실들에서 만난 식물들도 포함된다. 먼저 조류, 이끼, 우산이끼, 뿔이끼, 석송, 쇠뜨기, 수많은 고사리류 등이 있다. 이들은 모두 꽃 없이 번식한다. 또 부들, 사초, 골풀도 있다. 이들은 물속에 뿌리를 내리고 꽃으로 번식을 한다. 마지막으로 아주 특이한 능력을 지닌 수생 꽃식물 집단이 있다. 이들은 아예 물속에서 살거나, 잎과 꽃만 물 위로 내민 채 나머지 부분은 물에서 산다.

   물은 공기보다 밀도가 높으므로, 수생 식물은 육상 식물보다 몸체를 더 든든하게 떠받쳐 주는 환경에서 산다. 그래서 조직이 덜 단단하고, 물속에서 움직이기 좋은 유연한 줄기를 지닌다. 또 위로 뜨도록 부력을 일으키는 공기주머니도 갖고 있다. 다른 식물들은 증발을 통한 물 손실을 최소화하기 위해 표면이 왁스 층으로 덮여 있곤 하는데, 수생 식물은 그런 층이 거의 없거나 전혀 없다. 늘 물에 잠겨 있는 잎은 길고 가늘며, 층층이 갈라지는 경향이 있다. 물의 저항을 줄이고, 이산화탄소를 흡수할 표면적을 늘리기 위한 형태이다. 수면에 떠 있는 잎은 둥글고 매끄러운 경향이 있다. 이런 특징도 물의 저항을 줄여 준다. 그리고 수위가 변할 때 오르내리며 계속 떠 있을 수 있도록 잎자루가 길다. 또 부력을 더 일으키는 통기 조직이라는 특수한 공기주머니도 갖고 있다.

   꽃은 물속에서 피거나 수면 위에서 필 수도 있다. 수면 위에 피는 꽃은 바람이나 곤충을 통해 가루받이를 하곤 한다. 물속에 피는 꽃은 물을 통해 꽃가루를 퍼뜨린다. 이 방법은 신뢰도가 낮다. 꽃가루가 멀리 떠내려

갈 수도 있기 때문이다. 그래서 대다수의 수생 식물이 무성 번식(무성 생식)도 한다. 호수 바닥의 흙에서 뿌리줄기를 뻗은 뒤, 모체에서 좀 떨어진 곳에서 새싹을 돋우는 식이다. 그러면 모체와 유전적으로 똑같으면서 새로운 식물이 생긴다.

그림 설명

1: 물상추
학명: *Pistia stratiotes*
키: 15cm
주로 아열대의 민물에 산다. 둥둥 떠 있는 뿌리는 흐르는 물에서 양분을 흡수하는 쪽으로 적응해 있다.

2: 둥근해호말
학명: *Halophila ovalis*
잎 길이: 최대 2.5cm
줄기에 달린 잎
산호초, 강어귀, 삼각주 주변의 개펄과 모래톱에 산다. 초원을 이루듯이 자라나서 해양 포유동물인 듀공에게 이상적인 목초지 역할을 하기 때문에, 듀공풀이라는 별명이 붙어 있다.

3: 어리연꽃
학명: *Nymphoides indica*
잎 지름: 5cm
a) 꽃 b) 잎
꽃잎이 다섯 개인 갈래꽃은 물 위에서 자란다. 꽃잎에 섬세한 털이 달려 있어서 영어로는 '눈송이 연꽃'이라고 불린다. 잎이 심장 모양이어서 '떠 있는 심장' 식물이라고도 한다.

4: 거머리말(잘피)
학명: *Zostera marina*
잎 길이: 대개 20~50cm이지만 때로 2m까지.
해초이지만 바닷말이라고 착각하기도 한다. 바닷가의 차가운 물에도 살 수 있다. 그래서 유럽과 북아메리카에서 북극 지방까지, 북반구에서 가장 널리 퍼진 해양 꽃식물이 되었다. 아이슬란드에 사는 유일한 해초다.

5: 호토니아
학명: *Hottonia inflata*
키: 30~60cm
미국 각지의 습지와 도랑에서 자라는 민물 수생 생물이다. 비버가 구덩이를 파고 댐을 세워 만든 연못은 이 식물이 유달리 좋아하는 환경이다. 수위가 일정하게 유지되기 때문이다. 연못 바닥의 진흙을 뚫고 들어가는 원뿌리와 물에 떠 있는 솜털 같은 뿌리가 있다.

환경에 적응하는 식물

큰가시연꽃

큰가시연꽃(학명: *Victoria amazonica*)은 지름 2.5미터가 넘게 자라는 거대한 잎을 지닌 수생 식물이다. 처음 이 식물을 본 유럽인들은 놀라면서 흥미를 느꼈다. 로버트 숌버크는 1837년 남아메리카에서 이 '경이로운 식물'을 발견했다. 그는 이 식물의 표본을 가져가 런던 왕립지질학회에서 선보이기로 마음먹었는데, 잎이 자신의 카누보다 더 컸다. 그래도 굴하지 않고 그는 소금물이 든 통에 눈 한 개와 작은 잎을 하나 담은 뒤, 강을 타고 내려와서 영국행 배를 탔다. 숌버크는 이 식물을 발견했을 때, 빅토리아 공주의 이름을 붙이면 좋겠다고 생각했다. 그가 영국에 돌아오자 공주는 여왕이 되어 있었다.

영국은 물론 남아메리카와 기후가 전혀 다르다. 식물학자들과 정원사들이 큰가시연꽃의 씨를 싹 틔워서 키우려고 노력했지만, 할 수 없었다. 두 사람이 그 일을 먼저 해내기 위해 경쟁했다. 데번셔 공작의 채츠워스 영지에서 수석 정원사로 일하는 조지프 팩스턴과 큐 식물원장인 윌리엄 후커였다. 먼저 씨를 발아시켜서 키운 사람은 후커였지만, 팩스턴은 꽃이 피려면 아마존 정글과 비슷한 환경을 어떻게든 만들어 줘야 한다는 것을 깨달았다. 그래서 팩스턴은 온실을 세웠고, 경쟁에서 이겼다. "공작이시여, 빅토리아가 꽃을 피웠습니다!" 1846년 그는 의기양양한 태도로 고용주에게 편지를 썼다. "······얼마나 장관인지 이루 말로 표현할 수가 없습니다." 팩스턴은 더 나아가 영국에서, 아니 세계 전체에서 가장 뛰어난 온실 건축 설계사가 되었다. 그는 식물이 잎의 강도를 높이기 위해 갖추는 잎맥 체계에 매료되었고, 유리와 쇠를 써서 그 체계를 흉내 낸 건물을 지었다. 1851년 런던 대박람회를 위해 지은 수정궁이 가장 유명하다.

큰가시연꽃의 거대한 잎은 처음에 가시 달린 꼭대기가 물 위로 삐죽 솟아나는 것으로 시작한다. 가시 같은 잎은 곧 하루에 50센티미터씩 자라는 속도로 빠르게 넓어지면서 수면을 뒤덮는다. 잎의 뒷면은 붉은색이며, 잎맥들이 놀라울 만치 복잡하게 그물처럼 뻗어 있으며, 표면에 날카로운 가시가 잔뜩 나 있다. 가시는 어류와 아마존매너티가 잎을 뜯어 먹지 못하게 막는 방어 수단이다. 잎맥 사이의 공간에 갇힌 공기가 부력을 제공하여 잎이 물에 떠 있을 수 있다. 커다랗고 하얀 꽃은 파인애플 냄새를 풍기며, 저녁에 벌어진다. 이때 열기를 뿜어서 가루받이를 해 줄 딱정벌레를 꾄다. 밤에는 꽃잎을 오므리며, 수정이 되면 분홍색으로 변한다.

───────────── 그림 설명 ─────────────

1: **큰가시연꽃**
학명: *Victoria amazonica*
폭: 최대 2.5m
잎

잎 위에 몸무게가 45킬로그램인 아이가 올라가도 물에 가라앉지 않고 버틸 수 있을 만큼 부력이 강하다. 팩스턴은 잎에 주석판을 깔고 그 위에 어린 딸을 눕히곤 했다.

환경에 적응하는 식물

기생 식물

어떤 식물이든 살기 위해서는 양분과 물이 필요하다. 대부분의 식물은 햇빛, 비, 흙에서 필요한 것을 얻는다. 하지만 어떤 식물은 다른 식물에게서 얻기도 한다. 그런 식물들을 기생 식물이라고 한다. 다른 식물에 전적으로 의존하여 사는 식물도 있다. 한편 어느 정도는 의지하지만, 스스로도 양분을 계속 만드는 기생 식물도 있다.

기생 식물은 기생뿌리라는 변형된 뿌리를 써서 숙주가 되는 식물의 자원을 빨아들인다. 기생뿌리는 특수한 접착제를 분비하여 숙주 식물의 뿌리나 가지에 달라붙는다. 그런 뒤 숙주의 몸속으로 뚫고 들어가서 관다발에 연결한다. 일단 자리를 잡고 나면, 기생뿌리는 숙주의 물과 양분을 기생 식물로 곧장 운반하는 수송관 역할을 한다.

숙주 식물에 달라붙는 과정은 기생 식물의 씨가 발아할 때 시작된다. 기생 식물은 대개 작은 씨를 많이 만든다. 씨는 퍼져서 흙에 떨어지거나 숙주의 줄기에 바로 떨어지기도 한다. 대개 새똥에 섞인 채로 운반된다. 씨는 적당한 숙주 근처에 떨어졌다고 알려 주는 화학 물질 신호를 포착하면 싹이 튼다. 그리고 기생뿌리를 뻗기 시작한다. 일단 기생뿌리가 뚫고 들어가면, 기생 식물은 자라는 데 필요한 핵심 성분을 숙주로부터 빨아들인다. 성숙한 기생 식물은 잎과 꽃도 피운다.

일부 기생 식물은 극도로 색다른 특징을 지녀서, 녹색을 띠지 않는다. 숙주가 대신 광합성을 하므로, 광합성에 필요한 녹색 색소인 엽록소를 잃고 녹색도 잃은 것이다.

―――――――――――――― 그림 설명 ――――――――――――――

1: 자이언트라플레시아
학명: *Rafflesia arnoldii*
지름: 최대 1m
꽃
이 꽃은 두 가지 특징 때문에 유명하다. 하나는 세상에서 가장 큰 꽃이라는 것이다. 다른 하나는 지독한 악취가 난다는 것이다. 썩은 고기 냄새와 비슷하다. 이 식물은 보르네오섬과 수마트라섬 우림에서 포도과 식물의 나무껍질과 덩굴에 붙어 자라곤 한다. 몸체의 대부분이 숙주 식물의 몸속에 숨어 있는 '내부 기생 생물'이라서, 꽃이 나무껍질을 뚫고 나올 때까지 드러나지 않는다.

2: 겨우살이
학명: *Viscum album*
키: 최대 1m
잎과 열매가 달린 줄기
서양에서 크리스마스용 장식물로 널리 쓰이곤 하는 식물이다. 숙주 식물의 표면에서 주로 자라는 기생 식물(착생 기생 식물)의 대표적인 사례이기도 하다. 겨우살이는 열대에서 온대에 이르는 지역의 숲에서 크고 작은 나무에 붙어산다. 물과 무기물은 숙주에 의존해 얻지만 탄수화물은 광합성을 통해 스스로 생산하므로, 줄기와 잎이 녹색이다. 때로 겨우살이는 숙주에 심각한 피해를 입힐 만큼 늘어나기도 한다.

3: 아시아마녀풀
학명: *Striga asiatica*
키: 15~30cm
꽃과 잎이 달린 줄기
기생성 잡초의 일종으로 아프리카, 인도, 미국의 반건조 지역들 중 상당수에서 농경지를 망치고 있다. 옥수수, 벼, 사탕수수(64~65쪽 참조)를 비롯한 중요한 작물 종들을 위협한다. 흙에 떨어진 씨는 발아한 뒤 숙주 식물이 내는 화학 물질 신호에 반응하여 기생뿌리를 뻗는다. 기생뿌리는 숙주를 뚫고 들어가서 물과 양분을 빨아들인다. 땅속에서 어린싹이 돋을 때 잎과 꽃이 함께 생기므로, 이 기생 식물이 숙주 곁에서 나란히 행복하게 자라는 듯이 보인다. 하지만 땅속에서는 생존에 필요한 핵심 양분을 숙주로부터 빨아들이고 있다.

4: 유럽새삼
학명: *Cuscuta europaea*
두상화 지름: 6mm
줄기에 달린 꽃과 눈
작물에 상당히 큰 피해를 입힌다. 새삼은 북반구 전역에서 발견되는 기생덩굴로, 숙주 식물에게 심각한 피해를 입히는 잡초다. 줄기가 숙주 식물의 가지와 잎을 칭칭 휘감아서 질식시킨다. 광합성은 숙주에게 의지하므로, 잎이 작고 엽록소가 거의 없다. 그래서 줄기는 녹색이 아니라 선명한 주황색을 띤다.

환경에 적응하는 식물

벌레잡이 식물

살아 있는 먹이를 잡아먹는 흥미로운 식물들이다. 주로 곤충을 먹지만 때로는 거미, 작은 게, 진드기, 작은 단세포 생물인 원생동물을 먹는 종류도 있다. 동물을 먹는 이유는 질소가 부족하기 때문이다. 모든 식물은 엽록소(광합성에 필요한 녹색 색소)와 단백질을 만들기 위해 질소가 필요하다. 벌레잡이 식물은 질소가 거의 없는 늪과 같이 산성을 띤 환경에서 살기에, 공기나 흙이 아닌 다른 경로로 질소를 얻어야 한다. 그래서 이들은 특수한 화학 물질을 분비하여 잡은 동물을 소화시켜서 질소를 흡수한다. 그러려면 먼저 먹이를 잡아야 한다. 벌레잡이 식물은 주로 두 가지 방법을 쓴다. 수동적 덫과 능동적 덫이다.

수동적 덫은 식물이 능동적으로 움직이지 않는 형태다. 먹이가 달콤한 꽃꿀 냄새에 끌려 다가와서 덫에 걸리기를 기다리는 방식이다. 먹이를 잡는 방법은 몇 가지가 있다. 하나는 잎 표면의 털에서 분비되는 일종의 접착제로 방문자의 발과 몸을 붙드는 것이다. 그렇게 붙잡은 먹이를 잎의 다른 털에서 분비되는 화학 물질로 소화시킨다. 또 한 가지 방법은 먹이를 함정에 빠뜨리는 것이다. 이런 식물은 소화액이 든 작은 주머니 같은 변형된 잎을 만든다. 주머니 위쪽은 표면이 왁스로 덮여서 매끄럽다. 먹이가 미끄러져서 함정으로 빠져들게 되는 덫이다. 덫 안쪽에 아래쪽을 향하여 난 털이나 미끄러운 비늘이 있어서, 한번 들어온 먹이는 다시 빠져나가지 못한다.

능동적 덫은 벌레잡이 식물의 움직임이 따른다. 능동적 덫에는 크게 두 종류가 있다. 첫 번째는 반쯤 접혔다가 펼쳐진 책처럼 보이는 잎이다. 이 잎에는 반쪽마다 아주 민감한 감각털이 6개까지 달려 있다. 곤충이 털을 2개 이상 건드리면, 잎이 탁 닫히면서 먹이를 가둔다. 먹이가 소화되는 데에는 대개 3~5일이 걸린다. 흡인력을 이용하는 능동적인 덫도 있다. 이 방식은 연못과 호수에 사는 벌레잡이 식물에 적합하다. 잎이 변형된 공기주머니가 물속에서 공기를 머금고 있다. 공기주머니에는 일종의 덫인 문이 달려 있는데, 감각털을 건드리면 작동한다. 지나가던 먹이가 털을 건드리면, 덫문이 확 열려서 물과 먹이가 함께 주머니 안으로 빨려 들어간다.

그림 설명

1: 통발
학명: *Utricularia vulgaris*
길이: 최대 2m
a) 꽃 b) 줄기와 공기주머니 덫
연못에 자라며, 물벼룩 같은 수생 동물을 잡는다. 한 개체에 덫이 수천 개나 있으며, 뿌리는 없다. 덫은 대개 길이가 3밀리미터에 불과하지만, 어떤 종은 1.2센티미터에 달하는 덫이 있어 올챙이도 잡을 수 있다.

2: 끈끈이주걱
학명: *Drosera rotundifolia*
키: 20cm
잎
인류가 토지 개발을 위해 습지를 계속 없애는 바람에 지금은 야생에서 보기가 힘들어진 식물이다. 잎에 달라붙은 파리가 달아나려고 몸부림칠 때, 자루가 달린 붉은 샘털들이 파리를 잎 중심으로 끌어들인다. 파리는 액체에 잠겨서 질식하고, 몸속은 죽처럼 변한다. 이 영양이 있는 죽을 잎이 흡수한다. 끈끈이주걱류는 약 200종이 있는데, 대부분 오스트레일리아 서부에 산다.

3: 포르투갈끈끈이주걱
학명: *Drosophyllum lusitanicum*
키: 40cm
잎
희귀한 관목으로 지중해 서부의 굴참나무 숲에 자란다.

4: 네펜테스 라야
학명: *Nepenthes rajah*
키: 최대 3m
주머니와 잎
벌레잡이통풀류 중에서 주머니가 가장 크다. 럭비공만 하며, 쥐도 잡는다고 알려져 있다. 보르네오섬에서 가장 높은 산인 키나발루 산과 그 옆에 있는 한 산에서만 자란다.

5: 달링토니아
학명: *Darlingtonia californica*
키: 40~85cm
미국 캘리포니아 시에라네바다 산맥에 산다. 파리가 붉은 주둥이에 내려앉았다가 꿀을 따라 돔 모양의 창이 달린 '머리' 밑의 구멍으로 들어가게 된다. 나중에 이 머리를 통과해 들어오는 빛을 향해 날아오르는 파리는 덫에 갇힌다.

6: 파리지옥
학명: *Dionaea muscipula*
잎 지름: 20cm
이런 식물은 단 한 종뿐이며, 미국 윌밍턴 인근의 습지에서만 산다. 대개 파리를 가두어서 소화시키지만, 때로 작은 개구리도 잡힌다.

7: 벌레잡이제비꽃
학명: *Pinguicula vulgaris*
키: 15cm
깔따구와 모기를 꾀어 잡는다. 약 80종이 있으며 유럽, 북아메리카, 아시아에도 퍼져 있지만, 대부분은 멕시코에 산다. 잎을 우유에 넣으면 엉기기 때문에, 치즈 제조용 커드와 유청(유장)을 얻는 데 쓴다.

환경에 적응하는 식물

환경: 맹그로브 숲

맹그로브 숲은 열대와 아열대의 조간대에서 자라는 크고 작은 나무로 이루어진다. 열대의 편평한 비옥한 땅이 바다와 만나는 곳에 자란다. 중앙아메리카와 남아메리카, 카리브해, 아프리카 동부와 서부 해안, 동남아시아, 오스트레일리아 북부 해안 등 적도를 기준으로 남북으로 위도 약 25도 이내에서 자란다. 맹그로브 습지는 덥고 습하며 살기에 힘들다. 바다악어와 모기가 많이 살기도 한다.

맹그로브는 이처럼 혹독한 환경에 대처하여 다양한 적응 형질을 갖추고 있다. 맹그로브 습지의 흙에 염분이 많은 데 적응하여, 맹그로브의 뿌리는 대개 짠물이 들어오지 못하도록 물이 스며들지 않는 불투수성이다. 붉은맹그로브의 뿌리에는 수베린(*suberin*)이라는 물질이 많이 들어 있다. 수베린은 대단히 효과적으로 염분을 거르는 필터 역할을 한다.

맹그로브가 자라는 습지의 바닥에는 산소도 거의 없다. 그래도 땅속 조직은 호흡(살아가는 데 필요한 에너지를 얻는 화학 반응)을 해야 한다. 결국 맹그로브 뿌리는 대기로부터 산소를 흡수해야 한다. 붉은맹그로브 같은 일부 습지 거주자들은 지주뿌리에 껍질눈이 나 있다. 껍질눈은 공기에서 산소를 직접 흡수할 수 있도록 나무껍질에 난 구멍이다. 한편 검은맹그로브 같은 종들은 호흡뿌리라는 특수한 공기뿌리를 갖고 있다. 이런 뿌리는 공중으로 곧장 뻗어 올라와서 스쿠버다이버의 공기 호흡기처럼 산소를 빨아들인다.

아마도 맹그로브의 가장 놀라운 적응 형질은 다음 세대를 보호하는 방식일 것이다. 대다수 수생 식물의 씨는 물에 둥둥 떠다니다가 뭍에 닿으면 싹이 튼다. 맹그로브 습지는 그러기에는 환경이 너무 안 좋아서, 씨가 모체에 달려 있는 상태에서 수정되고 발아한다. 싹은 열매 안쪽에서 자라든 한쪽을 뚫고 나오든 한다. 주아라고 하는 이 어린싹은 어느 정도 자란 뒤에 분리되어 물에 떨어진다. 주아는 뿌리를 내릴 때까지 최대 1년까지도 살아갈 수 있다.

성숙한 맹그로브 숲의 빽빽하게 들어찬 맹그로브 뿌리들은 폭풍우와 파도로부터 습지를 지킨다. 파도의 에너지를 흡수하고 분산시키는 쪽으로 적응했기 때문이다. 또 굴이나 게를 비롯한 동물 종들에게 중요한 서식지를 제공하기도 한다. 불행히도 이런 습지는 새우 양식을 하기에도 최적의 장소라서, 1980~2010년 사이에 세계 맹그로브 숲의 20퍼센트(일부 지역에서는 35퍼센트까지도)가 양식장을 조성하기 위해 사라졌다.

그림 설명

1: 검은맹그로브
학명: *Avicennia germinans*
키: 3m

2: 순다리나무
학명: *Heritiera fomes*
키: 25m

3: 니파야자
학명: *Nypa fruticans*
키: 9m

4: 고리뿌리맹그로브
학명: *Rhizophora mucronata*
키: 35m

5: 붉은맹그로브
학명: *Rhizophora mangle*
키: 20m

식물 박물관

자료실

찾아보기

식물 박물관의 큐레이터들

찾아보기

가는쇠고사리	16~17
가루받이	40~44, 48~49, 60, 72, 74, 82, 84
감자	56~57
개버즘단풍나무	28~29
개양귀비	50~51
거머리말	83
검은눈천인국	50~51, 52
검은맹그로브	90~91
검은살시피	56~57
겉씨식물	3, 5, 20~26, 40~41
겨우살이	86~87
고니오플레비움 페르쿠숨	16~17
고리뿌리맹그로브	90~91
곧은나무이끼	10~11
공기주머니	82, 88
공작고사리	16~17
관다발식물	2, 10, 14, 16, 86
광대버섯	12~13
광합성	8, 12, 18, 25, 28, 30, 36, 80, 86, 88
구과	5, 18, 22, 24, 40
구름송편버섯	12~13
구상나무	22~23
구주소나무	22~23
귀리	67
근대(비트)	56~57
금어초	3, 49
금전송	22~23
기는미나리아재비	48~49
기름야자	32, 44~45
기생녹나무	58~59
긴꽃앵초	60~61
긴솔잎난	14~15
길보아나무	18~19
깔때기지의	12~13
끈끈이주걱	88~89

낙우송	22~23
남극좀새풀	64~65
남방개	68
네삭치이끼	10~11
네펜테스 라야	88~89
노란국화잎지의	12~13
녹영	80~81
녹조류	3, 8~9
니파야자	90~91

다윈박각시	74~75
단풍나무	3, 28~29
달링토니아	88~89
당근	3, 56~57
대마디말	8~9
대상화	50~51
대왕브로멜리아	76~77
덩이줄기	56~57, 68
독일붓꽃	52~53

돌출목	36
동케이프소철	40~41
두리안	32~33
두메고사리삼	60~61
두메포아풀	60~61
둥근해호말	82~83
뒤영벌	60
드라큘라난	72~73
들덩굴초롱이끼	10~11
땅콩	3, 56~57

라벤더	52
라우이	80~81
라포네이스 암피케로스	8~9
라피아야자	42
레바논삼나무	22~23
레인코브꽃버섯	12~13
로브르참나무	28~29
리톱스 후케리	80~81

마늘	54~55
마스데발리아 스툼프플레이	72~73
마추대나무	64~65
망태말뚝버섯	12~13
매끈뿔이끼	10~11
메둘로사 노이이	18~19
모체 발아	60, 90
목련	2, 34
무	56~57
무성 번식	82
물상추	82~83
물이끼	10~11
물통브로멜리아	76~77
민들레	50~51, 76
민부채돌말 종류	8~9
밀	52, 64, 66~67

바나나	2, 32~33
바닐라 폼포나	72~73
바닐라 플라니폴리아	72~73
바닷말	2~3, 5, 8, 10, 12, 76, 82
바카바야자	42~43
배우체	10~11, 16
백향과(패션프루트)	58~59
벌난초	72~73
벌레잡이제비꽃	88~89
베로니카	50~51
벵골보리수	30~31
벼	2, 64, 66~67, 86
별빛돌말 종류	8~9
병꽃푸크시아	34~35
복숭아나무	32~33
부활초	14~15
분홍낙엽버섯	12~13
분홍쥐꼬리새	64~65
붉은맹그로브	90~91
붉은파인애플	76~77

브라질너트나무	36
뽕나무	28~29
뿌리줄기	50, 52, 56~57, 64, 82~83

사슴고사리	16~17
사슴똥이끼	10~11
사탕수수	64~65, 86
사프란	54~55
살아 있는 화석	14, 24, 28
삿갓말	8~9
생강	56~57
서양매발톱꽃	50~51
서양민들레	50~51
세대 교번	10, 16
소철	3, 40~41
속새	14~15
속씨식물	2, 5, 28
솔다넬라	60~61
솔란지목련	34~35
수금돌말	8~9
수박선인장(영관옥)	80~81
수세미외	58~59
순다리나무	90~91
순무	56~57
십이지권	80~81

아기구슬이끼	10~11
아르카이옵테리스	18~19
아시아마녀풀	86~87
아열대 지역	8, 16, 40, 42, 64, 83, 90
아키	30~31
애기범부채	50~51
양귀비	52~53
양파	54~55
어리연꽃	82~83
에머릴	66~67
엥겔만손바닥선인장	80~81
열대 지역	5, 8, 14, 16, 18, 30, 32, 40, 42, 45, 56, 64, 76, 86, 90
염소풀	66~67
영국느릅나무	28~29
옛사각돌말	8~9
오리스	52
오채각	80~81
오카	56~57
옥수수	58, 64, 66~67, 86
온대 지역	28, 34, 40, 54, 86
완두	58~59
왕김의털	64~65
왕소철	40~41
외알밀	66~67
용왕꽃	3, 34~35
우산난	72~73
우산이끼	3, 5, 11
우산잔디	64~65
유럽너도밤나무	28~29

유럽밤나무	28~29
유럽뱀무	60~61
유럽새삼	86~87
은고사리	16~17
을녀심	80~81
인목	18~19
일출환	80~81

자가 수분	60
자이언트라플레시아	86~87
자이언트세쿼이아	24~25
자작나무	28~29
자주범의귀	60~61
자주색참마	56~57
자주진퍼리새	64~65
잔대	50~51
조류	2~3, 5, 8, 10, 12, 76, 82
종자식물	2, 5, 20, 36, 40
주름찻잔버섯	12~13
주병야자	42~43
진주스크령	67
진홍참나무	28~29
질긴깔때기비늘버섯	12~13
짧은용담	60~61

착생 식물	16, 36, 72, 74, 76
초본 식물	16, 18, 48~61, 64, 72
초승달우산이끼	10~11
칠레나한송	22~23
칠레소나무	22~23

카카오나무	32~33
카타세툼 핌브리아툼	72~73
카틀레야 아클란디아이	72~73
캐논볼나무	30~31
캐슈	32~33
커피나무	3, 32~33
코르다이테스	18~19
코코드메르야자	42~43
코코야자	42~43
큰가시연꽃	84~85
큰박쥐난	16~17
큰부들	68~69
큰잎단풍나무	28~29

탈리폿야자	42
태산목	34~35
테다소나무	22~23
테오신테	66~67
통발	88~89
튤립	54~55

파라고무나무	30~31
파리지옥	88~89
파인애플	76~77
파피루스	68~69

파피오페딜룸 로스킬디아눔	72~73
팽이버섯	12~13
페록스소철	40~41
편백	22~23
포르투갈끈끈이주걱	88~89
푸른그라마풀	64~65
푸야 베르테로니아나	76~77
프사로니우스	18~19
피트카이르니아 펠리카아나	76~77
해바라기	3, 52~53
헬레보어	52~53
호밀풀	48~49
호박	3, 58~59
호주우산이끼	11
호토니아	83
호흡뿌리	90
홀씨	5, 10~12, 14~18
홉	58~59
홍조류	2, 8~9
황야골풀	68~69
훈장말	8~9
훈장장구말	8~9
흰전나무	22~23

학명으로 찾아보기

Actias luna	16~17
Abies alba	22~23
Abies koreana	22~23
Acer macrophyllum	28~29
Acer palmatum	28~29
Acer pseudoplatanus	28~29
Acetabularia acetabulum	8~9
Adiantum capillus-veneris	16~17
Aegilops tauschii	66~67
Allium cepa	54~55
Allium sativum	54~55
Amanita muscaria	12~13
Amphitetras antedulviana	8~9
Anacardium occidentale	32~33
Ananas bracteatus	76~77
Ananas comosus	76~77
Anemone hupehensis	50~51
Angraecum sesquipedale	74~75
Antirrhinum majus	49
Aquilegia canadensis	50~51
Arachis hypogaea	56~57
Arachniodes aristata	16~17
Araucaria araucana	22~23
Archaeopteris	18~19
Asterella australis	10~11
Asterolampra decora	8~9
Asterolampra vulgaris	8~9
Avena sativa	67
Avicennia germinans	90~91
Bangia sp.	8~9
Bangiomorpha pubescens	8~9
Bartramia ithyphylla	10~11
Beta vulgaris	56~57
Betula pendula	28~29
Blechnum spicant	16~17
Blighia sapida	30~31

Botrychium lunaria	60~61
Brassica rapa	56~57
Campanula rotundifolia	50~51
Cassytha ciliolata	58~59
Castanea sativa	28~29
Catasetum fimbriatum	72~73
Cattleya aclandiae	72~73
Cedrus libani	22~23
Chamaecyparis obtusa	22~23
Chondrosum gracile	64~65
Cladophora sp.	8~9
Cocos nucifera	42~43
Coffea arabica	32~33
Cordaites	18~19
Couroupita guianensis	30~31
Crocosmia × crocosmiiflora	50~51
Crocus sativus	54~55
Cucurbita pepo	58~59
Cuscuta europaea	86~87
Cyathea dealbata	16~17
Cyathus striatus	12~13
Cycas angulata	40~41
Cycas revoluta	40~41
Cymatoderma elegans	12~13
Cynodon dactylon	64~65
Cyperus papyrus	68~69
Darlingtonia californica	88~89
Daucus carota	56~57
Dendrocalamus latiflorus	64~65
Deschampsia antarctica	64~65
Dionaea muscipula	88~89
Dioscorea alata	56~57
Dracula vampira	72~73
Drosera rotundifolia	88~89
Drosophyllum lusitanicum	88~89
Durio zibethinus	32~33
Echeveria laui	80~81
Elaeis guineensis	44~45
Eleocharis dulcis	68~69
Encephalartos altensteinii	40~41
Encephalartos ferox	40~41
Eospermatopteris	18~19
Equisetum arvense	14~15
Equisetum hyemale	14~15
Euphorbia trigona	80~81
Fagus sylvatica	28~29
Ferocactus latispinus	80~81
Festuca rubra	64~65
Ficus benghalensis	30~31
Flammulina velutipes	12~13
Fuchsia triphylla	34~35
Gentiana acaulis	60~61
Geum reptans	60~61
Ginkgo biloba	26~27
Goniophlebium percussum	16~17
Halophila ovalis	82~83
Haworthias attenuata	80~81

Helianthus annuus	52~53
Helleborus sp.	52~53
Heritiera fomes	90~91
Hevea brasiliensis	30~31
Hottonia inflata	83
Humulus lupulus	58~59
Hygrocybe lanecovensis	12~13
Hyophorbe lagenicaulis	42~43
Iris × germanica	52~53
Juncus squarrosus	68~69
Lepidodendron	18~19
Licmophora flabellata	8~9
Lithops hookeri	80~81
Lodoicea maldivica	42~43
Lolium perenne	48~49
Luffa aegyptiaca	58~59
Lunularia cruciata	10~11
Lycopodium clavatum	14~15
Lyrella hennedyi var. neapolitana	8~9
Magnolia × soulangeana	34~35
Magnolia grandifolia	34~35
Marasmius haematocephalus	12~13
Marchantia polymorpha	11
Masdevallia stumpflei	72~73
Medullosa noei	18~19
Metroxylon sagu	40~41
Micrasterias rotata	8~9
Molinia caerulea	64~65
Morus alba	28~29
Muhlenbergia capillaris	64~65
Musa acuminata	32~33
Nymphoides indica	82~83
Nypa fruticans	90~91
Oenocarpus distichus	42~43
Ophrys apifera	72~73
Opuntia engelmannii	80~81
Oryza rufipogon	66~67
Oryza sativa	66~67
Oxalis tuberosa	56~57
Papaver rhoeas	50~51
Papaver somniferum	52~53
Paphiopedilum rothschildianum	72~73
Parodia magnifica	80~81
Passiflora edulis	58~59
Pediastrum simplex	8~9
Pennisetum glaucum	67
Phaeoceros laevis	10~11
Phallus indusiatus	12~13
Pinguicula vulgaris	88~89
Pinus sylvestris	22~23
Pinus taeda	22~23
Pistia stratiotes	82~83
Pisum sativum	58~59

Pitcairnia feliciana	76~77
Platycerium superbum	16~17
Poa alpina	60~61
Podocarpus nubigenus	22~23
Primula halleri	60~61
Protea cynaroides	34~35
Prunus persica	32~33
Psaronius	18~19
Pseudolarix amabilis	22~23
Psilotum complanatum	14~15
Puya berteroniana	76~77
Quercus coccinea	28~29
Quercus robur	28~29
Rafflesia arnoldii	86~87
Ranunculus repens	48~49
Raphanus sativus	56~57
Rhaphoneis amphiceros	8~9
Rhizophora mangle	90~91
Rhizophora mucronata	90~91
Rudbeckia hirta	50~51
Sabal minor	42~43
Saccharum officinarum	64~65
Saxifraga oppositifolia	60~61
Scorzonera hispanica	56~57
Sedum pachyphyllum	80~81
Selaginella lepidophylla	14~15
Senecio rowleyanus	80~81
Sequoiadendron giganteum	24~25
Solanum tuberosum	56~57
Soldanella alpina	60~61
Splachnum luteum	10~11
Striga asiatica	86~87
Taraxacum officinale	50~51
Taxodium distichum	22~23
Theobroma cacao	32~33
Trametes versicolor	12~13
Trichosalpinx rotundata	72~73
Triticum aestivum	66~67
Triticum dicoccon	66~67
Triticum monococcum	66~67
Tulipa	54~55
Typha latifolia	68~69
Ulmus procera	28~29
Utricularia vulgaris	88~89
Vanilla planifolia	72~73
Vanilla pompona	72~73
Veronica chamaedrys	50~51
Victoria amazonica	84~85
Viscum album	86~87
Vriesea hieroglyphica	76~77
Xanthoria parietina	12~13
Zea mays	66~67
Zea mays ssp. parviglumis	66~67
Zingiber officinale	56~57
Zostera marina	83

식물 박물관의 큐레이터들

케이티 스콧은 영국 브라이튼 대학에서 일러스트레이션을 공부했습니다.
지금은 영국 런던에 살면서 책과 방송, 앨범 커버 등의 삽화를 그리고 있습니다.
그림을 그린 『동물 박물관』이 2014년 《선데이 타임스》 올해의 어린이 책으로 선정되고, 프랑스, 독일, 일본, 핀란드 등
여러 나라에 소개되었습니다. 에른스트 헤켈의 정교한 그림에서 많은 영감을 얻고 있습니다.

캐시 윌리스는 케임브리지 대학교와 옥스퍼드 대학교에서 25년 동안 연구를 하고 학생들을 가르쳐 왔습니다.
지금은 큐 영국 왕립 식물원 국장이자 옥스퍼드 대학교 생물 다양성 교수로 일하고 있습니다.
영국 옥스퍼드에서 인내심 많은 남편과 함께 세 아이를 키우면서 토끼 두 마리, 도마뱀붙이 한 마리, 개 한 마리와 살고 있습니다.

옮긴이 **이한음**은 서울대학교 생물학과를 졸업한 후, 과학 전문 번역가로 일하고 있습니다.
옮긴 책으로 『동물 박물관』, 『식물 박물관』 등이 있습니다.

내 책상 위 자연사 박물관

식물 박물관

1판 1쇄 펴냄 — 2018년 3월 15일, 1판 2쇄 펴냄 — 2019년 8월 15일

그린이 케이티 스콧 **글쓴이** 캐시 윌리스 **옮긴이** 이한음
펴낸이 박상희 **편집장** 박지은 **편집** 김지호 **한국어판 디자인** 정다울
펴낸곳 (주)비룡소 **출판등록** 1994. 3. 17.(제16-849호)
주소 06027 서울시 강남구 도산대로1길 62 강남출판문화센터 4층
전화 영업 02)515-2000 **팩스** 02)515-2007 **편집** 02)3443-4318,9 **홈페이지** www.bir.co.kr
제품명 Botanicum **제조자명** RR Donnelley Printing Solutions Limited
제조국명 중국 **수입자명** (주)비룡소 **제조년월** 2018년 1월 **사용연령** 3세 이상

ISBN 978-89-491-5134-2 74480/ ISBN 978-89-491-5132-8(세트)

이 도서의 국립중앙도서관 출판예정도서목록(CIP)은 서지정보유통지원시스템 홈페이지(http://seoji.nl.go.kr)와
국가자료공동목록시스템(http://www.nl.go.kr/kolisnet)에서 이용하실 수 있습니다.(CIP제어번호: CIP2017032329)